Gustav von Bezold

Anzeiger des Germanischen Nationalmuseums, Jg. 1900

Gustav von Bezold

Anzeiger des Germanischen Nationalmuseums, Jg. 1900

ISBN/EAN: 9783337199241

Hergestellt in Europa, USA, Kanada, Australien, Japan

Cover: Foto ©Thomas Meinert / pixelio.de

Weitere Bücher finden Sie auf **www.hansebooks.com**

2

4

1900. Nr. 1. Januar-März.
ANZEIGER
DES
GERMANISCHEN
NATIONALMUSEUMS.

CHRONIK DES GERMANISCHEN MUSEUMS.

In der letzten Sitzung des Verwaltungsausschusses wurde, mehrfachen Wünschen entsprechend, die Frage einer Umgestaltung der Zeitschrift des Museums nach Inhalt und Form zur Sprache gebracht und das Direktorium beauftragt, diese Frage im Einvernehmen mit dem Lokalausschuß in weitere Erwägung zu ziehen und die Umgestaltung in's Werk zu setzen.

Gegenüber den Wünschen, welche darauf abzielten, die »Mitteilungen« wieder, wie es der Anzeiger für Kunde der deutschen Vorzeit war, zu einer allgemeinen Zeitschrift für mittelalterliche Archaeologie zu machen, mußte aus zwingenden Gründen im Wesentlichen an dem bisherigen Programm festgehalten werden. Die Mitteilungen werden nach wie vor ihre Hauptaufgabe darin sehen, die Bestände des Museums, sei es einzelne Stücke oder ganze Gruppen in längeren oder kürzeren Abhandlungen und Beschreibungen dem Kreise unserer Leser vorzuführen und der allgemeinen Kenntnis, wie der wissenschaftlichen Forschung zugänglich zu machen. Der Text wird allenthalben, wo es angezeigt erscheint, durch Abbildungen erläutert werden. Außerdem werden unabhängig vom Text Nachbildungen älterer Kupferstiche und Holzschnitte aus den Beständen unseres Kupferstichkabinets als Kopfleisten und Vignetten beigegeben werden.

8

Mehrfachen Wünschen entsprechend werden auch die literarischen Besprechungen nicht mehr auf den Umschlag gedruckt, sondern in den Text aufgenommen werden.

Die Zeitschrift wird ferner nicht mehr wie bisher in losen Blättern, sondern in brochierten Heften ausgegeben werden. Es gelangen jährlich vier Hefte zur Ausgabe, welche durchschnittlich 2-3 Bogen Anzeiger des germanischen Nationalmuseums und etwa 5 Bogen Mitteilungen zu je 8 Seiten umfassen werden.

Die Kataloge des Museums werden gleichfalls nicht mehr bogenweise, sondern geheftet ausgegeben, und den Abnehmern der Zeitschrift unentgeltlich geliefert werden.

STIFTUNGEN.

Durch Herrn Universitätsprofessor Dr. B a i s t in Freiburg i. Br. sind uns als Stiftung von E.L. in Freiburg 1000 m. zu Ankäufen für die Waffensammlung übersendet worden.

Wie schon seit vielen Jahren sind uns auch dieses Jahr von ungenannter Seite wieder 300 m. zu Ankäufen für die Sammlungen gespendet worden.

NEU ANGEMELDETE JAHRESBEITRÄGE.

Von Stadtgemeinden: Cochem 5 m. **Deidesheim** 10 m. **Geringswalde** 6 m. **Insterburg** 20 m. **Königsbrück** 5 m. **Königsee in Thür.** 2 m. **Königshütte O.-S.** 10 m. **Bad Kösen** 3 m. **Kreuzburg O.-S.** 5 m. **Krotoschin** 10 m.

Von bayerischen Distriktsräten: Babenhausen 10 m. Jllertissen 15 m. Kusel 10 m. Lauterecken 5 m. Marktbreit 10 m. Neustadt a.W.N. 10 m. Wasserburg 15 m. Wassertrüdingen 10 m. Wolfstein 5 m.

Von Vereinen, Korporationen etc.: Nürnberg. Drechslerinnung 10 m. Plauen i.V. Direktion der k. Industrieschule 10 m.

Von Privaten: Amberg. Rust, Oberexpeditor, 3 m. Annaberg. Fräulein Clara Seyer 2 m. Ansbach. Armee-Konservenfabrik 3 m. Berlin. von Bardeleben, Generalleutnant,[pg 2] Exzellenz (statt bisher 3 m.), 10 m.; Theodor Beccard, Regierungs-Assessor, 10 m.; Dr. H. Bingner, Regierungsrat, 10 m.; Carl Blanke, Rentier, 10 m.; Eugen Landau, Generalkonsul, 15 m.; E. Palis, Fabrikbesitzer, in Charlottenburg 10 m.; Pintsch, Geh. Kommerzienrat, 20 m.; Hermann Richter, Bankier, 10 m.; Jul. Stern, Bankdirektor, 10 m. Dresden. Arnhold, Konsul, 10 m. Düsseldorf. Friedrich Ostendorf 6 m. Eger. Dr. jur. H. Reiniger, Landtagsabgeordneter, 1 m. 70 pf. Eschenau. Peter Grübel, kgl. Pfarrer in Heroldsberg 1 m. Feuchtwangen. Wilhelm Wolff, Gymnasiallehrer, 3 m. Gemünden. Leo Matheo Courtain, kgl. Eisenbahn-Expeditor, 1 m. Gräfenberg. Ad. Pöhlmann, Apotheker, (statt bisher 1 m) 2 m. Greifswald. Dr. Martin, Professor, 10 m.; Dr. Ollmann, Rechtsanwalt, 2 m.; Dr. Richarz, Professor, 10 m.; Dr. Schütt, Professor, 3 m. Gunzenhausen. Zellfelder, Pfarrer, in Thannhausen 3 m. Helsingfors. K.K. Meinander 3 m. Hersbruck. Arnold, k. Studienlehrer, 2 m.; Meyer, k. Oberexpeditor, 1 m.; Neundeubel, k. Bezirksamtsassessor, 2 m.; Konrad Schmidt, Hopfenhändler, 3 m.; Schwendemann, k. Pfarrer, 1 m.; Wernz, k. Oberamtsrichter 2 m. Holzminden. E. Cyrenius, Kaufmann, 3 m.; Eisfeldt, Direktor des herzogl. Wilhelmstiftes, in Bevern 3 m.;

Sembritzky, Dr., 3 m. **Iserlohn.** J.H. Kissing, Kommerzienrat, 20 m.; Friedr. Seiffart 6 m.; C. Weydekamp, Kommerzienrat, 5 m.; Gustav Wilke, Fabrikbesitzer, 10 m. **Kitzingen.** Eschrich, Adolf, Weinhändler, 2 m.; Goldenberger, k. Bezirksamtsassessor, 2 m.; Harnisch, Gas-Inspektor, (statt bisher 1 m.) 2 m.; Hissinger, V., Druckereibesitzer, (statt bisher 1 m.) 2 m.; Kesselring, Conrad, Weinhändler, (statt bisher 1 m.) 2 m.; Kesselring, Ernst, Weinhändler, 2 m.; Neeser, Wilhelm, Privatier, (statt bisher 1 m.) 2 m.; Spies, Hermann, Weinhändler, (statt bisher 1 m.) 2m.; Wildhagen, Hermann, Kaufmann, (statt bisher 1 m.) 2 m. **Moskau.** Alfred Clason, (statt bisher 3 Rubel) 5 Rubel; Rudolf Spies 5 Rubel. **Münchberg.** Ernst Feilner, Fabrikbesitzer, 2 m.; Robert Fleißner, Fabrikbesitzer, 3 m.; von Fürer, kgl. Bezirksamtmann, 3 m.; Harttig, Hotelbesitzer, 1 m. 50 pf.; Hermann Jahn, Fabrikbesitzer, 3 m.; Langheinrich, Brauereibesitzer, 3 m.; Dr. Schindhelm, prakt. Arzt, 2 m.; Fr. Schmidt, Kaufmann, 2 m.; Louis Schöpf, Kaufmann, 2 m. **Naumburg a. S.** Dietrich, Zimmermeister, 2 m. **Neumarkt i. O.** Dr. Nüßlein, k. Professor, 2 m.; Carl Spitta, Ingenieur und Fabrikbesitzer, 2 m. **Norden.** Th. von Hülst, Gutsbesitzer, in Lintel, 5 m. **Nürnberg.** A. Baist 4 m.; Dr. Büchel, Direktor des statistischen Amtes d. Stadt Nürnberg, 3 m.; J. Eskofier, Lehrer, 1 m.; Max Frankenburger, Privatier, 15 m.; Emil Grimm, Lehrer, 1 m.; J. Hösch, Lehrer, 2 m.; Phil. Huck, Fabrikant, 2 m.; Fr. Hufnagel, Lehrer, 1 m.; W. Landes, Lehrer, 1 m.; S. Merzbacher, Justizrat (statt bisher 2 m) 10 m.; M. Möckel, Kaufmann, 2 m.; Ed. Münster, stud. arch., 3 m.; Fr. Oberndörfer, Lehrer, 1 m.; Georg Ortegel, Lehrer, 1 m.; Georg Schrödel, Fabrikant, 2 m.; Jos. Schwarzhaupt, 3 m.; Aug. Spetzler, Lehrer, 1 m.; Fr. Vogt, Lehrer, 2 m.; K. Wanderer, Lehrer, 1 m. **Rothenburg o. T.** Plitt, k. Pfarrer, 2 m. **Schwäb. Gmünd.** Eugen Müller, Apotheker, 2 m. **Schweinfurt.** Gademann, Fabrikbesitzer, 6 m.; Weyermann, (statt bisher 2 m.) 3 m. **St. Petersburg.** Wilh. Ziegler, Fabrikant, 6 m. **Stuttgart.** Adolf Cloß, Historienmaler, 10 m.; W. Schmidt, Architekt, 3 m. **Tauberbischofsheim.** Harlfinger, Obersteuerinspektor, 1 m.; Kretzdorn, Oberamtmann, 1 m. **Vegesack.** M. Bischoff, in Osterholz-Scharmbeck 1 m.; Dr. Danziger, Rechtsanwalt, in Bremen (statt bisher 1 m. 50 pf.) 5 m. **Waldheim i. S.** Richard Bergmann, Parfümerie- u. Seifenfabrikant, 10 m. **Wertheim.** Herm. Bechstein, Buchhändler, 1 m.; W. Langguth, Mitbesitzer der Firma Langguth, 2 m.

EINMALIGE GELDGESCHENKE.

Berlin. Carl Blanke, Rentier, 30 m.; Eugen Landau, Generalkonsul, 20 m. **Eutin.** Kühn, Professor, 20 m. **Naumburg a. S.** Hassford, Oberlandesgerichtsrat, 2 m.; Jebens, Dr. med., 3 m.; Fräulein Machrauch, 2 m.; Schönberg, von, Landgerichtsrat, 3 m.

ZUWACHS DER SAMMLUNGEN.

KUNST- UND KULTURGESCHICHTLICHE SAMMLUNGEN.

Geschenke.

Bamberg. Freiherr Marschalk von Ostheim: Elf Standuhren, darunter acht vom Hofuhrmacher Hoyß in Bamberg gefertigte; 18. Jahrh. — **Göttingen.** Geheimrat Prof. [pg 3] Dr. Friedr. Merkel: Zwei bemalte altchinesische Porzellanteller. — **Leipzig.** H. Wagner und E. Debes: Ältere, eiserne Steindruckhandpresse. — **München.** Frau Direktorswe. Louise Hammer: Gypsabguß einer Büste des † Kunstgewerbeschuldirektors Karl Hammer von Fr. Zadow. P. Jäger: Gedenkzeichen, in Goldpapier und Perlmutter ausgeführt und auf roten Tüll aufgeklebt; Anfang des 19. Jahrh. Ernst Zais: Zwei Kachelmodel aus gebranntem Thon; 18. Jahrh. Zwei römische Glasflaschen mit engem Hals; gef. 1876 in Zahlbach bei Mainz. — **Nürnberg.** Kommerzienrat Metzger: In Eisen geschnittener Siegelring mit innerem goldenen Reif; 18. Jahrh. Großhändler Emil Hopf: Kunstdrechslerei und Schnitzerei in Buchs; 18. Jahrh. Großhändlerswe. Helene Raum: Drei Messinggewichte (1, 2 und 6 Pfund); eine Messingpfanne; ein Messingleuchter; eine Lichtputzscheere; zwei messingene Schalenwagen. Frau Pfarrer Neumann: Sonnenuhr; 16.-17. Jahrh. Fabrikbesitzer Karl Kempe:

Erster in Deutschland gebauter Sterotypierapparat; Patent Karl Kempe. Frau Apotheker S c h ö n n i g e r : Tabaksdose aus Kupfer und Messing mit gravierten Darstellungen; 18. Jahrh. Eingelegter Ellenstab. Desgleichen bemalte Haushaltungstafel; desgl. eiserne Form für Schmalzbäckerei. — **Salzwedel.** Kgl. Baurat P r e j a w a : Hölzerner Hammer zum Flachsbrechen aus Kl. Gerstedt. Deckelterrine aus buntglasiertem Thon; modern. Leinenes Tischtuch ; blauweiß. Bauerntuch; braun mit bunter Kante. Kunststepper G r o ß : Drei bunte Flettfensterscheiben. Bauer H u g o Q u e n d t : Zwei Fensterteile aus Eichenholz mit Schnitzereien. (Die vorgenannten Gegenstände sind für das niedersächsische Bauernhaus bestimmt). — **Strassburg.** Ingenieurassistent von K l u ç a r i c : Acht Plaquetten; Reliefs vom Stampferpokal im Hohenlohemuseum zu Straßburg. Nach Peter Flötner. Galvanoplastische Nachbildungen. — **Thalmässing.** Frln. E l e o n o r e M ü l l e r : Brautkrone aus der Gegend von Eichstätt; 19. Jahrh. Neun thönerne Marzipanformen; 17.-18. Jahrh. — **Wien-Nussdorf. K. A.** v o n B a c k o f e n : Silbermedaille auf den Präsidenten von Transvaal P. Krüger, von A. Scharff-Wien; 1900. — **Wien.** D r . G l o s s y , Direktor der Stadtbibliothek: Bronzemedaille auf L. Lobmayr zu seinem 70. Geburtstag.

Ankäufe.

M e d a i l l e n : Bleiabschlag einer Medaille auf Johann Rudolph, Blumenekher; 1565. Silbermedaille auf Friedrich III. von Dänemark und seine Gemahlin, Tochter Georg I. von Braunschweig. Bronzemedaille auf den Hofmedailleur D. Fr. Loos, 1816; von Götz. Bronzemedaille auf Göthe (Rv. Prolog im Himmel), von A. Scharff-Wien.

B u c h e i n b ä n d e : Reiches Silberbeschläge zu einem

Bucheinband; 18. Jahrh.

Kirchliche Geräte: Bronzeleuchter, XIV. Jahrh.; aus der Leonhardikapelle in Tölz. Zwei Kirchenleuchter aus Bronze; 17. Jahrh.

Münzen: Doppelthaler Adolph Friedrich I. von Mecklenburg-Schwerin; vergoldet. Vierfacher Thaler auf Friedrich Ulrich von Braunschweig; 1617. Kärtner Dukat von Ferdinand II. als Erzherzog; 1604. Straßburger Thaler o.J.; 17. Jahrh.

Hausgeräte: Gemalte Holzvertäfelung aus einem Hause in der Tetzelgasse zu Nürnberg; 18. Jahrh. Kölner Krug in Form eines wappenhaltenden Bären; schwarzes Steinzeug mit teilweiser Bemalung; zweite Hälfte des 16. Jahrh. Zwei große Römer aus grünem Glas; 17. Jahrh. Schrankkommode mit reicher Fournier- und Metalleinlegearbeit; aus Kl. Indersdorf, Bayern; 18. Jahrh.

Tracht und Schmuck: Wasserburger Männerhut aus feinem Binsengeflecht; 18.-19. Jahrh.

Bäuerliche Altertümer: Acht Bauernteller aus gebranntem Thon (Fayence); oldenburgisch; 18.-19. Jahrh. Gesimshakenbörte (zwei Stücke) aus Gardelegen. Bauernstuhl aus Voize, Reg.-Bezirk Lüneburg. Zwei Kissenbezüge, blau und weiß; ein- und zweischläfrig; aus Essenstedt bei Gardelegen. Leinentuch mit roter Stickerei von 1847; siebenbürgisch. Desgl. zwei Manschetten und zwei Achselstücke mit Goldfäden benäht. Desgl. schwarzer Sammetgürtel mit Metallbeschlägen.

[pg 4]

KUPFERSTICHKABINET.

Geschenke.

Ansbach. Max Eichinger, Hofbuchhändler: Exlibris der Bibliothek des »Gymnasii Carolo-Alexandrini Onoldi«. 18. Jahrh. — **Dresden.** Prof. Dr. Max Lehrs, Direktor des kgl. Kupferstichkabinets: 26 Reproduktionen von Stichen des 15. und Holzschnitten vom Beginn des 16. Jahrhunderts. — **Innsbruck.** Frau Philippine Kuhn: Exlibris der Frau Geschenkgeberin. — **Karlsruhe.** Johann Velten, Hofkunsthandlung: Gattiker, Appenmühle und Mathies Masuron, Schwarzwaldhaus, 2 Bll. Radierungen 1896/97, Resultate eines Preisausschreibens der Firma Velten in Karlsruhe; 402 Künstler-Postkarten (Chromolithographien) dieses Verlages, fast ausschließlich Probedrucke. **Lohr a. M.** Carl Pöhlmann, kgl. Bezirksamtsassessor: Sieben Ansichten von Schlössern etc. in Stahlstich, acht Porträts in Steindruck. — **München.** Alexander Frhr. v. Dachenhausen, Premierleutenant a. D.: 15 moderne Exlibris und zwei ebensolche Neujahrskarten. Hans Holzschuher: Exlibris des Herrn Geschenkgebers. — **Neu-Pasing bei München.** Karl Emich Graf v. Leiningen-Westerburg, kgl. preuß. Rittmeister a. D.: Reproduktion einer Handzeichnung Albrecht Dürers; Flugblatt von 1900. — **Nürnberg.** Carl Stich, Buchdruckereibesitzer: Blatt aus einer Bibel des 15. Jahrhunderts; »Warnung vnd beuelh ains Erbern Rats zu Nuremberg an alle jre Burger vnd vnderthan So Lehenguter haben«. Einblattdruck um 1500.

Ankäufe.

Kupferstiche und Radierungen: Lucas van Leyden: B. 126.
Aldegrever: B. 209. Virgil Solis: B. 4, 179, 181,
Tellerornament mit der Justitia, Lot und seine Töchter.
Vredemann de Vries: Variae architecturae formae Antverpiae
excudebat Theod. Gallaeus. 1601. Titelbl. u. 22 Bll. Johann
Heel, Folge von acht Ornamentstichen: Rankenwerk. 1664.
M. Meier Pass. 5. Wenzel Hollar: Parthey 1262, 1265, 1267,
1271, 1272, 1495, 1544, 1650, 1700, 1701, 2010. C.W.E.
Dietrich: Linck 12, 27, 80, 95, 129, 132, 135 II, 158 II.
»Hieron. Bos inventor Hieron. Cock excud.«: Triptychon
mit groteskem jüngstem Gericht. J.G. Bronkhorst: Weigel
suppl. 32. A. van Everdingen: B. 4. Jan Livens: B. 57. J.
Martss de Jonghe : B. 1. Crispin de Passe: Les triomphes de
l'amour de Dieu. M. Berghem: B. 17 und 18. Amd. Pauli,
Graf Joh. Ludw. v. Isolani nach C. Paon. Theodor de Bry,
Tellervorlage mit reich ornamentiertem Rand und dem Bade
in der Mitte. H. Goltzius, B. 59, ferner die Götter bezw.
Planeten Saturn, Vulkan, Sol, Bacchus und Merkur nach
Polidoro, abweichend von B. 249-256. Wilh. Delf: Joannes ab
Oldenbarnevelt nach Miereveit. S. Savry: Reiner. Wybr.
Wybrna. Adr. Halwech: Maria Magdalena Austriaca. P. van
Gunst: Wilhelmus Goeree nach D. v. d. Plaets, Isaacus
Verburgius nach Quinkhardt, Johann Wilhelm, Fürst von
Oranien nach B. Vaillant. Schouman: Arnold Marcel
(Schwarzkunstblatt). Lochon: Dionysius Talon. Joh. Georg
Wolffgang: Kaiser Karl VI. nach Stampart. Preisler, Davids
Triumph über Goliath nach Trevisani. Ph. Andr. Kilian:
Maria auf Wolken erteilt dem hl. Franziskus Vergebung
nach H. Th. Schaffler. Th. Langer: Siegfrieds Leiche wird
nach Worms gebracht, Criemhild reizt die Hunnen zum
Kampfe gegen die Burgunden, der Nibelungen Ende, drei
Bll. nach Julius Schnorr von Carolsfeld. Julius Thaeter: Die
apokalyptischen Reiter nach Peter v. Cornelius. L. Friedrich:
Der Sängerkrieg auf der Wartburg nach Moritz von
Schwind. Allgeyer: Die Mutter Christi vor seinem

Leichname nach Anselm Feuerbach. Andreas Achenbach: elf Bll. Landschaften und 27 weitere neuere Blätter.

Holzschnitte: Unbekannter Meister um 1480-90: Die Kreuzigung (aus einem Missale). Albr. Dürer: B. 95, mit darunter gedrucktem Text von 1511. B. 126, B. app. 30 u. Pass. 204. Hans Burgkmair: »Veldzug furgeender Gefengknus Herzog Ludwigs von Mayland.« Zwei Bll. Illustrationen zum Weißkunig. Probedrucke. Tobias Stimmer: Andr. 130. — C. Zimmermann, Germania auf der Wacht am Belt, nach Emil Schmidt. J.G. Flegel: Macbeth, Banco und die Hexen, nach Kaulbach gezeichnet von Eichens.

Lithographien: 70 Bll. Lithographien verschiedenen Inhalts und von verschiedenen Künstlern aus dem Verlage der Hofkunsthandlung von J. Veiten in Karlsruhe u. a. 1808-1870. Erinnerungen an Wildbad, sechs Bll. lithographische Karikaturen 1821.

[pg 5]
Flugblätter, Stadtpläne und Prospekte etc.: »Cabalistische Lehrtafel, welche die Gelehrte Prinzessin Antonia von Würtemberg in dem berühmten Teinacher Bad in der Kirchen aufrichten lassen.« Kupferstich von Ph. A. Degmair, nach Gottfr. Eichler. »Ehrengedächtniß Herzog Carls von Württemberg.« 1794. Kupferstich von D'Argent. Vue générale de la ville de Vienne. Chez Artaria. Kolorierter Kupferstich. »Milano«. Kolor. Kupferstich von Mösmer, nach Giosafatti. Einzug des Kronprinzen Friedrich Wilhelm von Württemberg in Stuttgart 1814. Kupferstich von H. Lips nach Klinsky. Zwei Spottbilder auf Napoleon I. und den Einzug der Franzosen in das eroberte Paris. Kolorierte Kupferstiche. 20 Karikaturen aus dem Jahre 1848.

ARCHIV.

Geschenke.

Bamberg. Freiherr v. Marschalk: Urkunde des Bischofs Otto II. von Bamberg für Cluny, betr. die Überweisung von Gütern. 1183. Photographie. Urkunde für den Grundstein des Prinz-Regenten-Denkmals in Bamberg. 1898. Photographie. — **Feuchtwangen.** Brauereibesitzer Altreuter: Ordnung der Bierbrauer in Stadt und Amt Feuchtwang von Markgraf Georg Friedrich von Brandenburg. 1698 Juni 7. Orig. Perg. Ordnung für die Schwarz- und Weiß-Büttner in Stadt und Oberamt Feuchtwang, gegeben von Markgraf Christian Friedrich Carl Alexander v. Brandenburg. Bruchstück o. D. Orig. Perg. — **Nürnberg.** Frau Pfarrer Neumann: Zwei Nürnberger Lehrbriefe für Jägerbursche. 1764 Nov. 5 und 1792 Juli 22. Beide Orig. Perg.

BIBLIOTHEK.

Geschenke.

Aachen. Richard Pick, Archivar: Ders., Aus Aachens Vergangenheit. 1895. 8. — **Agram.** Landesarchiv: Berichte. II, 1. 1900. 8. — **Altona.** Handelskammer: Jahresbericht f. 1899. I. (1900.) 8. — **Amsterdam.** Deutscher Hülfsverein: 17. Jahresbericht. 1899. 8. — **Bamberg.** Kgl. Bibliotheksverwaltung: Fr. Leitschuh, Katalog der Handschriften der kgl. Bibliothek. I. Bd. 2. Abt. 3. Lief. 1899. 8. — **Basel.** Prof. Georg W.A.

Kahlbaum: Ders., Zu Christ. Friedr. Schönbeins hundertstem Geburtstag. Rede. 1899. 8. Ders., Aus Christ. Friedr. Schönbeins Leben. 1900. 8. — **Berlin.** Älteste der Kaufmannschaft: Bericht über Handel und Industrie i. J. 1899. I. 1900. 2. Kaiserliche Normal-Aichungskommission: Übersicht über die Geschäftsthätigkeit der Aichungsbehörden 1898. 1900. 4. — Kgl. preuß. Kriegsministerium, Medicinal-Abteilung: Veröffentlichungen aus dem Gebiete des Militär-Sanitätswesens. H. 15. 1900. 8. Elisabeth Lemke: Dies., Volkstümliches in Ostpreußen. I-III. 1887-1899. 8. Ministerium der öffentlichen Arbeiten: Zeitschrift für Bauwesen. Nebst Atlas. Jahrg. 50. H. 1-3. 1900. 4 u. 2. Bericht über die Ergebnisse des Betriebes der vereinigten preuß. und hess. Staatseisenbahnen. 1898/99. (1899.) 4. Gesellschaft Pan: Pan. 1899. II. 2. Redaktion des Handbuchs über den kgl. Preuß. Hof u. Staat: Handbuch über den kgl. Preuß. Hof und Staat f. d. J. 1900. 1899. 8. General-Verwaltung der kgl. Museen: Jahrbuch der kgl. preuß. Kunstsammlungen. XXI, 1. 1900. 2. III. Nachtrag zum Verzeichnis der in der Formerei der königl. Museen zu Berlin verkäuflichen Gipsabgüsse. (Berlin 1893.) 1900. 8. General-Verwaltung der königl. Bibliothek: Instruktionen für die alphabetischen Kataloge der Preußischen Bibliotheken und für den Preußischen Gesamtkatalog. 1899. gr. 8. Milkau, Zentralkataloge und Titeldrucke 1898. 8. Weidmann'sche Verlagsbuchh.: Monumenta Germaniae historica. Epistolae II, 3. V, 1-2. Poetae latini. IV, 1. 1898-1899. 4. — **Bielefeld.** Velhagen & Klasing, Verlagsbuchh.: Heyck, Monographien zur Weltgeschichte. IX. Koepp, Alexander d. Große. 1899. 8. — **Bistritz.** Gewerbelehrlingsschule: XXIV. Jahresbericht. 1898/99. 1899. 8. — **Brünn.** Dir. Julius Leisching: Ders., Die St. Lucasbruderschaft der Maler und Bildhauer von Brünn. 1900. 4. Mährisches Gewerbemuseum: Katalog der Interieur-Ausstellung. [pg 6] 1899. 4. — **Celle.** Vaterländisches Museum: 7. Jahresbericht 1898/99. 1899. 8. — **Chrudim.** Museum: Publikací musea Chrudimského. c. VIII. Kancionály psané vesnickymi kantory z. Chrudimska. 1899. 4. — **Dresden.** Kgl. Sächs. Kunstgewerbe-Schule u. Kunstgewerbe-Museum: Bericht. 1897/98. 1898/99. 1899. 8. — **Drosendorf.** Franz Kießling: Ders., Kleines Merkbüchlein für Deutsche in Deutschland. 1899. 8. Ders., Die Brünndlein von Drosendorf und Umgebung. S.-A. 1899. 8. — **Einsiedeln.** Verlagsanstalt Benziger & Co.: Kuhn, Allgemeine Kunstgeschichte. Lfg. 19--20. 1899. gr. 8. — **Ellwangen.** Dr. K. M. Kurtz: Studentenalbum des Heinrich Weber aus seiner Erlanger Studienzeit. 1797/8. qu. 8. — **Essen.** Handelskammer: Jahresbericht 1899. I. 1900. 2. — **Feuchtwangen.** Brauereibesitzer Altreuter: Feuerordnung...Christian Friederich Carl Alexanders...für alle Städte...Dero Fürstenthums, Burggrafthums Nürnberg. 1760. 8. — **Frankfurt a. M.** Heinr. Keller, Buchhandl.: Luthmer, Gothische Ornamente. 1900. 2. — **Frauenfeld.** J. Huber, Verlag: Schweizerisches Idiotikon. H. 40. 1899. 4. — **Freiburg i. B.** Herder'sche Verlagsbuchh.: Grisar, Geschichte Roms u. der Päpste im Mittelalter. Lfg. 8. 1899. gr. 8. Kirchl.-histor. Verein für Geschichte u. Altertumskunde und christliche Kunst: Freiburger Diözesan-Archiv. XXVII. 1899. 8. — **Geestemünde.** Handelskammer: Jahresbericht f. 1899. I. 1899. 8. — **Giesshübl.** H. Edler von Mattoni: Löschner, Der Gießhübler Sauerbronn in Böhmen, die König Otto-Quelle genannt. 1860. 8. Braumüllers Badebibliothek: Löschner & Gastl, Kurort Giesshübl-Sauerbrunn. 1899. 8. — **Hannover.** Landesdirektorium der Provinz Hannover: Die Kunstdenkmäler der Provinz Hannover I, 1. 1899. gr. 8. Edm. Frh. v.

Uslar-Gleichen: Ders., Die Abstammung der Grafen von Northeim und Katlenburg von den Grafen von Stade. 1900. 8. — **Heidelberg. Bad. histor. Kommission:** Neujahrsblätter 1900. N. F. 3. 1900. 8. — **Innsbruck.** Wagner'sche Verlagsbuchh.: Acta Tirolensia. I. 1886. 8. — **Kiel.** Handelskammer: Vorläufiger Bericht. 1899. 1900. 8. — **Krems** Städt. Museum: Aus Alt-Krems. 1895. gr. 8. Aus dem Kremser Stadtarchiv. 1895. Mappe, qu. 2. — **Leipzig.** Breitkopf & Härtel, Verlag: Dahn, Die Könige der Germanen. VIII, 6. 1900. 8. Eugen Diederichs, Verlag: Peters, Der Arzt. (Monogr. z. deutschen Kulturgesch. III.) 1900. gr. 8. Bartels, Der dumme Teufel. 1899. 8. v. Oppeln-Bronikowski u. Jacobowski, Die blaue Blume. (1899.) 8. Bölsche, Liebesleben in der Natur. 1. F. 1898. 8. Bölsche, Vom Bazillus zum Affenmenschen. 1900. 8. Driesmans, Das Keltentum in der Europäischen Blutmischung. 1900. 8. Erdmann, Alltägliches u. Neues. 1898. 8. Falckenberg, Morgenlieder. 1899. 8. (Vinnen) Fischbeck, Nathurgeschichte oder kurzgefaßte Lebensabrisse der hauptsächlichsten wilden Thiere im Herzogthum Bremen 1799. 1899. 4. Hesse, Eine Stunde hinter Mitternacht. 1899. 8. Kassner, Die Mystik, die Künstler und das Leben. 1900. 8. Maeterlinck, Weisheit und Schicksal. 1899. 8. Maeterlinck, Der Schatz der Armen. 1898. 4. Schultze-Naumburg, Häusliche Kunstpflege. 1900. 8. Schulze-Naumburg, Das Studium und die Ziele der Malerei. 1900. 8. Voigt, Abendrot 1899. 8. Salus, Ehefrühling. 1900. 8. Blum, Die deutsche Revolution 1848--49. 1898. 8. Novalis sämtliche Werke, hrsg. v. Meißner. I--III. 1898. 8. J. P. Jacobsen, Gesammelte Werke I, 1899. II. III. 1898. 8. Jul. Hart, Der neue Gott. 1899. 8. Spitteler, Lachende Wahrheiten. 1898. 8. Fr. Wilh. Grunow, Verlag: Wippermann, Deutscher Geschichtskalender für 1899. 1899. 8. J. C. Hinrichs, Buchh.: Vierteljahrs-Katalog der Neuigkeiten des deutschen Buchhandels. 54. H. 3. 1900. 8.

J. B. Hirschfeld, Verlag: J. B. Hirschfeld, Hundert Jahre einer Leipziger Buchdruckerei. 1900. 4. — **Magdeburg.** Konservator der Denkmäler der Provinz Sachsen: Lose Blätter zur Geschichte des Naumburger Domes und der Schloßkirche zu Quedlinburg. Mit Tafeln. (1900.) 2. — **München.** Gg. Hirth, Verlag: Gg. Hirth und M. v. Seydel, Annalen des Deutschen Reichs für Gesetzgebung, Verwaltung u. Statistik. 1899. H. 1--12. 8. Gg. Hirths Formenschatz. Jahrg. 23. 1899. H. 1--12. 4. P. Jaeger: Calender auf das Jahr nach Christi unsers Heilandes Geburt. 1794. Liliput-Ausg. — **Nürnberg.** Bauer & Raspe, Verlag: Siebmacher, Wappenbuch. Lfg. 436-441. 1899. 4. Heinr. Graeter: Blätter für postalische Praxis III. (H. 55--72) IV. (H. 73. 75--82, 84--88.) 1869--70. 4. Bertha Kipfmüller, Dies., Das Ifflandische Lustspiel. 1899. 8. Kommerzienrat Sachs: W. Weimar, Monumental-Schriften vergangener Jahrhunderte.[pg 7] 1898. gr. 2. Stadtmagistrat: Geschäfts-Verteilung im Magistrat u. Gemeindekollegium der Stadt Nürnberg von 1900 an. (1899.) 8. Vereinsbank: Geschäfts-Bericht. 1899. 4. — **Philadelphia.** Henry S. Dotter: Ders., The church at Market Square. 1899. 8. — **Posen.** Provinzial-Konservator: Bericht des Konservators der Denkmäler für die Provinz Posen, 1897/98. 1898/99. 1899. 8. — **Schloss Rosenau** (Nied.-Österreich). Bruckmeier: Franz Kießling, Eine Wanderung im Poigreiche. 1899. 8. (2 Exempl.) — **Solingen.** Albert Weyersberg: Zur Erinnerung an die so plötzlich heimgegangene Frau Albert Weyersberg, Johanne, geb. Schnitzler in Solingen. Reden bei der Feier ihres Begräbnisses am 15. November. 1899. 8. — **Strassburg.** J. H. Ed. Heitz, Verlag: P. Heitz, Drucke und Holzschnitte des XV. u. XVI. Jahrh. in getreuer Nachbildung. III. Neujahrswünsche des XV. Jahrh. 1900. 4. P. Heitz, Originalabdruck von Formschneider-Arbeiten des XVI., XVII. und XVIII. Jahrh. Schlußfolge. Taf. 130-166. 1899.

2. — **Stuttgart.** Würtemb. Ärztlicher Landesverein: Württembergisches Ärztebuch. 1 u. 2. Ausg. 1896. 1900. 8. — **Wien.** K. k. geograph. Gesellschaft: Verzeichnis der Bücher in der Bibliothek ders. 1899. 8.

Tauschschriften.

Aachen. Geschichtsverein: Zeitschrift. XXI. Bd. 1899. 8. — **Amiens.** Société des antiquaires de Picardie: Bulletin. Année 1898. I-IV. 1899. I. 1898-1899. 8. — **Amsterdam.** Koningl. Oudheidkundig Genootschap: Jaarverslag 1899. 4. Historisch Genootschap: Bijdragen en mededeelingen XX. 1899. 8. Gonnet, Briefwisseling tusschen de Gebroeders van der Goes (1659-1673.) I. 1899. 8. — **Berlin.** Königlich Preußische Akademie der Wissenschaft: Sitzungsberichte 39-53. 1899. gr. 8. Hugo Bermühler, Verlag: Forschungen zur Geschichte Bayerns, Hrsg. Reinhardstöttner. VII, 3-4. 1899. 8. Gesellschaft für Heimatkunde der Provinz Brandenburg: Brandenburgia. VIII. 7-9. 1899. Archiv der Brandenburgia. VI. 1899. 8. Litteraturarchiv: Mitteilungen aus dems. 1899. 8. — **Bonn.** Universität: Delbrück, Beiträge zur Kenntnis der Linienperspektive in der griechischen Kunst. 1899. 8. Justi, Jacopo de' Barbari und Albrecht Dürer. 1898. gr. 8. Ottendorff, Die Regierung der beiden letzten Normannenkönige, Tancreds u. Wilhelms III. von Sizilien und ihre Kämpfe gegen Kaiser Heinrich VI. 1899. 8. Powell, Die Memoiren von Barras über den 9. Thermidor. 1899. 8. Wächter, Der Springer unserer lieben Frau. 1899. 8. Watzinger, Studien zur unteritalienischen Vasenmalerei. 1899. 8. Außerdem 18 weitere Dissertationen. 1898/99. 8. — **Brandenburg a.H.** Historischer Verein: XXXI.

Jahresbericht 1899. 8. — **Breslau.** Schlesische Gesellschaft für vaterländische Kultur: 76. Jahresbericht 1898. 1899. 8. — **Bromberg.** Historische Gesellschaft f. d. Netzedistrikt. 1900. 8. — **Brünn.** Mährisches Gewerbe-Museum: Sonder-Ausstellung Emil Orlik. 1900. 8. Verein Deutsches Haus: List, König Vannius. 1899. 8. — **Brüssel.** Société d'archéologie: Annuaire. 1900. Tom. XI. 1900. 8. — **Danzig.** Westpreuß. Geschichtsverein: Schriften dess. 1900. 8. — **Darmstadt.** Histor. Verein: Archiv für hess. Geschichte und Altertumskunde. Crecelius, Oberhessisches Wörterbuch. Liefg. 3-4. 1899. 8. — **Deventer.** Vereeniging tot beoefening van Overysselsch regt en geschiedenis: de Hullu, Bescheiden betreffende de hervorming in Oyeryssel. 1899. 8. — **Emden.** Naturforschende Gesellschaft: 83-84. Jahresbericht. 1897/99. 1899. 8. — **Frankenthal.** Altertumsverein: Kraus, Die Marken (Fabrikzeichen) der Porzellanmanufaktur in Frankenthal. (1756-1800.) 1899. 8. — **Görlitz.** Oberlausitzische Gesellschaft d. Wissenschaften: Neues Lausitzisches Magazin Bd. 75. H. 2. 1899. 8. — **Greifswald.** Universität: Verzeichnis der Vorlesungen. S.S. 1900. 1900. 8. — **Hamburg.** Direktorium der Stadtbibliothek: Druckschriften der Hamburgischen wissenschaftl. Anstalten im Jahr 1898. 4 u. 8. Verein für Hamburgische Geschichte: Mitteilungen XIX. 1898/99. 1900. 8. — **Heidelberg.** Universitätsbibliothek: Osthoff, Vom Suppletivwesen der indogermanischen Sprachen. Rede. 1899. 4. Rob. Wilh. Bunsen. Ein akademisches Gedenkblatt. 1900. 4. Historisch-philosoph. Verein: Neue Heidelberger Jahrbücher. IX, 1. 1899. 8. — **Karlsruhe.** Bad. Histor. Kommission: Zeitschrift für Geschichte des Oberrheins. N.F. XV. 1. 1900. — **Kiel.** Gesellschaft[pg 8] für Schleswig-Holsteinische Geschichte: Zeitschrift.

29. Bd. 1900. 8. — **Kopenhagen.** Kong. Danske Videnskabernes Selskab., Oversigt over det forhandlinger. 1899. Nr. 4-5. 1899. 8. Société royale des antiquaires du Nord: Mémoires. Nouv. Sér. 1899. 8. — **Laibach.** Musealverein für Krain: Mitteilungen XII, 1-6. 1899. 8. Izvestja. IX. 1-6. 1899. 8. — **Leiden.** Maatschappij der Nederlandsche Letterkunde: Handelingen en mededeelingen. 1898/99. Nebst Bijlage 1899. 8. — **Leipzig.** Gesellschaft für sächsische Kirchengeschichte: Beiträge zur Sächsischen Kirchengeschichte. H. 14. 1899. 8. — **Lüttich.** Institut archéologique: Bulletin. T. XXVIII. 1899. 8. — **Münster.** Verein für Geschichte u. Altertumskunde Westphalens: Zeitschrift. 57. Bd. 1899. 8. — **Nürnberg.** Verein für die Geschichte der Stadt: Mitteilungen dess. XIII. 1899. 8. Jahresbericht 1898. 1899. 8. — **Paris.** Société des études historiques: Revue des études historiques. 65. N. S. I. 1899. 8. — **Posen.** Towarzystwa Przyjaciół nauk Posnanskiego. Roczniki. XXVI. 2-4. 1900. 8. — **Regensburg.** Historischer Verein von Oberpfalz u. Regensburg: Verhandlungen. 51. Bd. 1899. 8. — **Reyknavik.** Islenzka Fornleifafélag: Aarbók hins Islenzka fornleifafélags. 1899. 8. — **Saarbrücken.** Histor. Verein für die Saargegend: Mitteilungen. H. 7. 1900. 8. — **Salzburg.** Gesellschaft für Salzburger Landeskunde: Mitteilungen. XXXIX. 1899. 8. — **Serajevo.** Bosnisch-Herzegowinisches Landesmuseum: Wissenschaftliche Mitteilungen aus Bosnien und der Herzegowina. VI. 1899. 8. — **Schaffhausen.** Histor.-antiquarischer Verein: X. Neujahrsblatt: Lang, Der Kanton Schaffhausen im Kriegsjahr. 1799. 4. — **Sigmaringen.** Verein f. Geschichte und Altertumskunde in Hohenzollern: Mitteilungen XXXII. 1898/99. 8. — **St. Gallen.** Histor. Verein: Häne, Der Auflauf zu St. Gallen

i. J. 1491. 1899. 8. Dierauer, Die Stadt St. Gallen i. J. 1798. 1899. 4. — **St. Nicolas.** Oudheidskundige Kring van het land van Waas: Annalen. XVIII, 3. 1900. gr. 8. — **Trier.** Gesellschaft für nützliche Forschungen: Jahresbericht 1894-1899. 1899. 4. — **Weimar.** Hermann Böhlau Nachf., Buchhandl.: Zeitschrift der Savigny-Stiftung für Rechtsgeschichte. XX. Rom. u. Germ. Abt. 1899. 8. — **Wernigerode.** Harzverein für Geschichte und Altertumskunde: Zeitschrift. XXXII. 1899. 8. — **Wien.** K. k. Geographische Gesellschaft: Mitteilungen. XLII. Bd. 1899. 8. Abhandlungen I, 1-5. 1899. gr. 8. Altertums-Verein: Berichte u. Mitteilungen. Bd. 34. 1899. gr. 4. — **Wiesbaden.** Verein für Nassauische Altertumskunde u. Geschichtsforschung: Annalen. XXX. 1899. gr. 8. Mitteilungen. 1898/99. H. 4. 1899/1900. — **Zürich.** Allgemeine geschichtsforschende Gesellschaft der Schweiz: Jahrbuch für Schweizerische Geschichte XXIV. 1899. 8.

Ankäufe:

Catechismus oft Predicatien voor de kinderkens. 1567. kl. 8. Mathesius, Historia vnsers lieben Herrn vnd Heilands Jesu Christi. 1585. 2. Angebunden: Schemp, Historia vnd Christliche Legenden von der heiligen zwölff Apostel...beruff... 1585. 2. Bünting, Itinerarium sacrae scripturae das ist ein Ein Reisebuch... 1591. 2. Flor. Schoonhovii Emblemata. 1618. kl. 4. Georg Hauer, Breslische Schvtzenkleinoth. c. 1620 fol. M. Klötzel, Götteraufzug. 1695. qu. 2. Bartsch, Le peintre graveur. I-XXI. Nebst Tafeln. 1803-1821. 8 u. qu. 2. Jacoby, Schmidt's Werke. 1815. 8.

Für die Heyer von Rosenfeld'sche Stiftung: Achilles P. Gasserus, Catalogus regum omnium, quorum sub christiana professione per Europam adhuc regna florent. 1554. kl. 4. Bernd, Wappenbuch der Preußischen Rheinprovinz. I-II. 1835. 8. Tiedemann, Mecklenburgisches Wappenbuch. 1837. 4. Dorst, Württembergisches Wappenbuch. 1846. gr. 8. Hyrtl, Die fürstlichen, gräflichen und freiherrlichen Familien des österreichischen Kaiserstaates. I-II. 1851-1852. 8. v. Heideloff & v. Eye, Deutsches Fürsten- u. Ritter-Album. 1868. 4.

HISTORISCH-PHARMAZEUTISCHES ZENTRALMUSEUM.

Geschenke.

Memmingen. L. von Ammon Mohrenapotheke: Christus der rechte Apotheker; Ölgemälde; 18. Jahrh. — **Wasserburg.** Apotheker J. Palmann: W.L. Bachmann, Handwörterbuch[pg 9] der praktischen Apothekerkunst. I-III. 3 Bde. Nürnberg 1844. 8. Dr. J.A. Buchner, Grundriß der Chemie 1-3. 3 Bde. (III. Teil von »Vollständiger Inbegriff der Pharmacie ec.«) Nürnberg 1826-1836. 8. Ders., Grundriß der Chemie II. Bd. Nürnberg 1830; 8. Dr. Karl Fr. Burdach, System der Arzneimittellehre, 1-4 Bd. (4 Bde.) IV. Aufl. Leipzig 1815-19; 8. Ernst Fr. Glockner, Handbuch der Mineralogie (Von Buchners »Inbegriff der Pharmacie«, Th. IV. Bd. 1.) Nürnberg 1831; 8. Achilles Richards Neuer Grundriß der Botanik. (Von Buchners »Inbegriff der Pharmacie« Th. IV. Bd. 2.) Nürnberg 1828; 8. Dr. August Goldfuß, Grundriß der Zoologie (Von Buchners »Inbegriff der Pharmacie«, Th. IV. Bd. 3.) Nürnberg 1826; 8. J.W. Chr.

Fischer und Dr. S. Fr. Hermbstädt, Handbuch der pharmazeutischen Praxis. Berlin 1801; 8. David Friedels etc. XVI Medicinische Bedencken etc. Oder XVI Curiöse Curen. Leipzig 1720. 8. Thomae Fulleri Pharmacopoeia extemporanea oder Sichere, vollständige und auserlesene Apotheke etc. Übers. von Phil. E. Mahler. Basel 1750; 8. Dr. Carl W. Juch, Handbuch der Pharmacie. Nürnberg 1817; 8. Karl Gottfr. Hagen, Grundriß der Experimentalpharmacie etc. Königsberg u. Leipzig, 1780; 8. Lavoisier, physikalisch-chemische Schriften, übers. von Chr. Ehrenfried Weigel; I. Bd. Greifswald 1783; 8. Joh. Heinr. Leonhard, Handbuch der pharmaceutischen Chemie. Hannover 1825; 8. V.A. Riecke, Die neueren Arzneimittel. Stuttgart 1837; 8. Ant. Frhr. von Störck, medicinisch-praktischer Unterricht für die Feld- und Landwundärzte, 1. u. 2. Theil in 1 Bd. III. Aufl. Wien 1789; 8. Handbuch der pharmaceutischen Botanik; mit illuminirten Kupfern. Nürnberg 1804; 2. Pharmacopoea Wirtenbergica in duas partes divisa. 2 Bde. Stuttgart 1798; 2.

Ankäufe.

Lehrbrief und Servirzeugnis für den Apothekergesellen Joh. Christian Henckel aus Königsee. 1740. Perg.

DEUTSCHES HANDELSMUSEUM.

Geschenke.

Bamberg. Großkaufmann L u d w i g U h l f e l d e r : Eine größere Anzahl älterer Check- und Wechselformulare. — **Lübeck.** Kaminkehrermeister J o h a n n e s D e t t m a n n :

Modell eines Segelschiffes in Rahmen. — **München.** P. Jaeger: Frachtbrief über eine Schiffsfracht von Frankfurt nach Würzburg; 1801.

*****

Herausgegeben vom Direktorium des germanischen Museums. Abgeschlossen den 1. Mai 1900. Für die Schriftleitung verantwortlich: Gustav von Bezold.

*****

Gedruckt bei U.E. Sebald in Nürnberg.

[pg 10]
[** keep watch for the signature in the illustration: 'F.FALKEISEN.SC.']

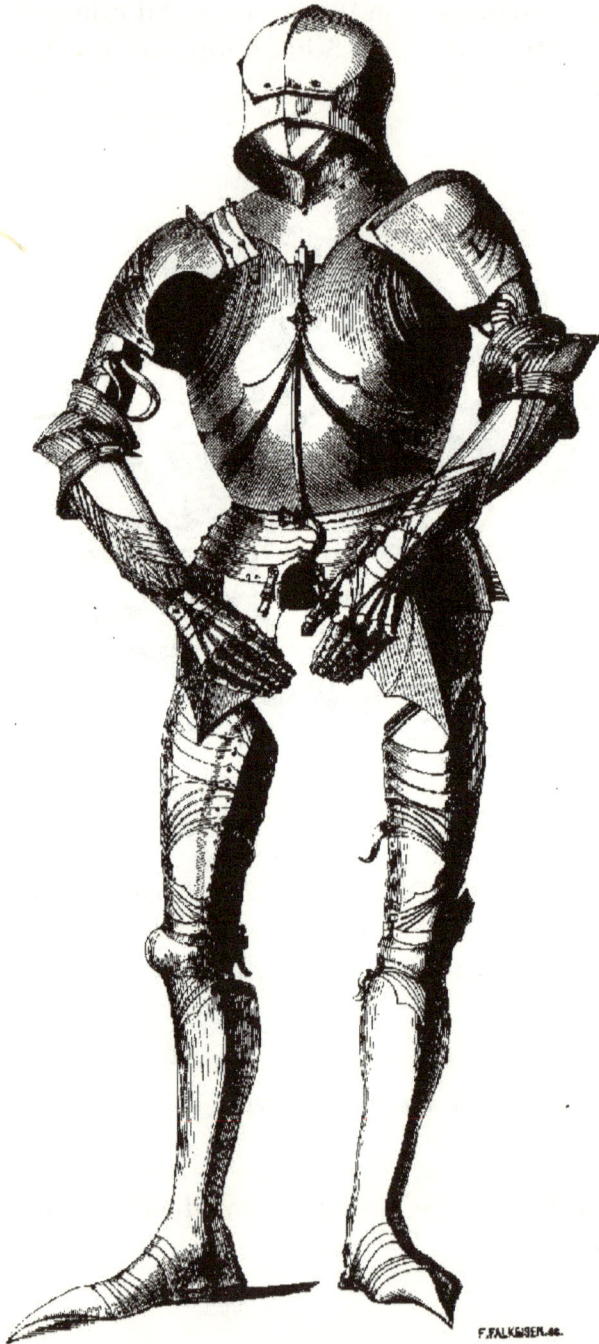

F. FALKEISEN. 46.

Gotische
Plattenrüstung.
18. Jahrhundert

[pg 11]

1900. Nr. 2. April-Juni.
ANZEIGER
DES
GERMANISCHEN
NATIONALMUSEUMS.

CHRONIK DES GERMANISCHEN MUSEUMS.

NEU ANGEMELDETE JAHRESBEITRÄGE.

Von Stadtgemeinden: Landau a. d. J. 3 m. **Bad Lauchstädt** 3 m.

Von bayerischen Distriktsräten: Baunach 5 m. **Burghausen** 15 m. **Dettelbach** 10 m. **Dinkelsbühl** 10 m. **Garmisch** 50 m. **Günzburg** 10 m. **Kitzingen** 10 m. **St. Ingbert** 20 m. **Zweibrücken** 20m.

Von Vereinen, Korporationen etc.: **Deggendorf.** Bäckerinnung 2 m.

Von Privaten: Aachen. Carl Delius, Commerzienrat, 10 m. **Ansbach.** Herele, Regierungsaccessist, 3 m.; Wild, k. Oberamtsrichter, 3 m. **Apolda.** Karl Böhme, Bankier, 3 m.; Edmund Kummer, Postdirektor, 3 m. **Berchtesgaden.** Franz Freiherr von Bechtolsheim, k. b. Kämmerer u. Bezirksamtmann, 2 m.; Dr. Albert Wiskott, prakt. Arzt, 2 m. **Coburg.** Wagener, Forstrat, 3 m.; Wustlandt, Architekt und Direktor der großherzogl. Baugewerkschule, 3 m. **Darmstadt.** Adolf Buchner, Oberkonsistorialpräsident (statt bisher 3 m. 50 pf.) 5 m. **Deggendorf.** Andr. Högn, Buchbinder u. Landtagsabgeordneter, 2 m. **Dessau.** Professor Dr. Ballin, Gymnasialdirektor, 10 m.; Robert Richter, Architekt, 5 m. **Dresden.** Oswin Hempel, Architekt,

2 m. **Ehingen.** Rief, Professor, 2 m. **Erfurt.** Emil Becker, Amtsgerichtsrat, 3 m. **Erlangen.** Dr. F. Haack, Privatdozent, 10 m.; Dr. Hauser, Prof., 10 m.; Dr. Heumann, Privatdozent, 3 m.; Dr. Hjelt, aus Finnland 3 m.; Ihmels, Professor, 3 m.; Dr. Wiegand, Professor, (statt bish. 3 m.) 10 m. **Eschenau.** Kohl, k. Pfarrer, 1 m.; A. Levermann, Apotheker 1 m. **Feuchtwangen.** Eberlein, Lehrer, 2 m.; Seitz, k. Posthalter, 2m. **Freudenstadt.** Beischer, Professoratsverweser, 2 m. **Giessen.** Winterberger, Major, 2 m. **Hildesheim.** E. Boysen, Baurat, 3 m.; Gustav Lindemann, Kaufmann, 3 m.; Winand Nick, Professor u. Dom-Musikdirektor, 3 m.; E. O. Wiecker, Domkapitular, 5 m. **Hof.** Baumwollspinnerei u. Weberei Hof (statt bisher 15 m.), 20 m.; Frau Moritz Franck, Großhändlerswitwe, 10 m.; Prinzing, Rentierswitwe, (statt bisher 3 m. 50 pf.) 10 m. **Leipzig.** Dr. Albert Kurzwelly, in Plagwitz (statt bisher 3 m.) 10 m.; Carl Schreiber, Fabrikbesitzer, in Strehla a. E. 3 m.; C. A. Sußmann, Kaufmann, (statt bisher 5 m.) 10 m.; Dr. Ludwig Volkmann 5 m. **Meerane.** C. Batky, Färbereibesitzer, 3 m.; C. J. Bemmann, Fabrikant, 3 m.; Albert Bornemann, Färbereibesitzer, 2 m.; Bernhard Geißler, Kaufmann, 2 m.; Paul Gentzsch, Baumeister, 2 m.; Dr. med. Grundmann 2 m.; Alfred Kroitzsch, Kaufmann, 2 m.; Max Oschatz, Kaufmann, 2 m.; Dr. med. A. Pause 2 m.; Oswald Sattler, Färbereibesitzer, 2 m.; Wirthgen, Bürgermeister, 2 m.; Dr. med. Zieger 2 m. **Meiningen.** E. Grötzner, Rechtsanwalt, 2 m. **Münster i. W.** Apffelstaedt, prakt. Zahnarzt, 3 m.; Franz Coppenrath Buchhändler, 20 m. **Nürnberg.** Isaak Bamberger 2 m.; Max Borger, Fabrikbesitzer, 2 m.; Dr. R. Th. Cnopf, Kinderarzt, 10 m.; Wilhelm Esche, Kaufmann, 3 m.; Emilie Fick, Tabakfabrikantenwitwe, 3 m.; Familie Jakob Goldberger 3 m.; Rosalie Leuchs, Kaufmannswitwe, 2 m.; Dr. Heinrich Riedel, 3 m.; B. Rülf, 10 m.; Max Spieß, Buchbindereibesitzer, 3 m.; Konrad Ziegler, 3 m. **Pappenheim.** Lehner, k. Notar, 3 m.; Lindner, k.

Oberamtsrichter, 3 m. **Saarbrücken.** Dr. med. Behrens, in St. Johann 3 m.; Gg. Heckel, sen., Fabrikant, 3 m. **St. Petersburg.** Baron Georg Hoyningen-Huene 10 m. **Tauberbischofsheim.** Dr. Wielandt, Professor am Gymnasium, 2 m. **Treuchtlingen.** von Fabris, k. Forstmeister, 3 m.; J. Griesbeck, k. Bahninspektor, 3 m. **Weissenau** (bei Ravensburg). Dr. med. Walther Fünfstück, Assistenzarzt, 3 m. **Würzburg.** Kellein, Regierungsrat 2 m.; [pg 12] Stammler, k. Bezirksamtsassessor, 2 m. **Zwickau.** Martin Lippman, Buchdruckereibesitzer 3 m.; Dr. med. Schüßler 3 m.

STIFTUNGEN.

Der Ausschuß des Kongresses für innere Medizin, der im April in Wiesbaden tagte, hat zur Schaffung einer medico-historischen Abteilung im Germanischen Museum 1000 m. gespendet.

ZUWACHS DER SAMMLUNGEN.

KUNST- UND KULTURGESCHICHTLICHE SAMMLUNGEN.

Geschenke.

Alfeld a.d. Leine. Frau F. Gudewill, geb. von Weltzinn: 100 Stück Zinnfiguren nebst fünf Bändchen Erläuterungen aus der Naturgeschichte; um 1800. — **Altdorf.** (Mittelfranken.) Buchdruckereibesitzer Hessel: Eiserner Winkelhaken, Hölzernes Setzschiffchen, Modell einer alten Buchdruckerpresse; 18. 19. Jahrh. — **Danzig.** Se. Excellenz der preußische Staatsminister und Oberpräsident von Westpreußen von Goßler: Vollständige Uniform eines preußischen (evangelischen) Rechtsritters des Johanniterordens; 19. Jahrh. — **Dresden.** Landesgerichtsdirektor Dr. Roßbach: Uniform eines kgl. sächsischen Geheimrates; 19. Jahrh. — **Ellwangen.** Frau Professor Kurtz: Bracteat, Augsburger Pfennig königlichen Schlags; 13. Jahrh. — **Erlangen.** Fritz Junge (Junge & Sohn), Hof- u. Universitätsbuchdruckerei): Zwei Winkelhaken aus Messing, ein desgl. aus Eisen, ein desgl. aus Holz, zwei ältere Holzstöcke; 19. Jahrh. Frln. Emilie Bencker: Mit Perlstickerei besetzter Armreif zum Anhängen des Strickknäuels, zwei Tabaksbeutel mit Perlstickerei, Kinderhäubchen aus Häkelspitze; 19. Jahrh. — **München.** Legat des † Staatsrats Freiherrn von O.

Völderndorff-Waradein: Sechs Familienbildnisse, Ölgemälde, der Familie Völderndorff; 16.-19. Jahrh. Geheimrat von Hefner-Alteneck: Die neun Musen, Gypsreliefs, Modelle der Manufaktur Höchst; um 1800. Porzellanfigürchen, Frau; Fabrik Ludwigsburg; Ende des 18. Jahrh. Patenpfennig in einem silbernen Büchschen für Sabina Dorothea Maria Conradin; 1750. — **Nürnberg.** Maler G. Beck: Dachziegel von 1661. J. Chr. Zanker: Winkelhaken für Schriftsetzer, zwei desgl., zwei Setzschiffe, drei Setzkasten; 18.-19. Jahrh. Redecker & Hennis: Handdruckpresse; 19. Jahrh. Oberstudienrat G. Füchtbauer: Meßtisch aus den Besitz des Physikers Ohm. Bussolendiopter von Brandner in Augsburg; 18. Jahrh. Magistratsrat Wilhelm Rehlen: Goldwaage; 18. Jahrh. Rentner Jakob Schwarz: Schwarzer Seidenhut (Cylinder); 1840. Schwarzer Frack; 1840. Weißseidene, gestickte Weste; desgl. Faltenfrauenrock; fränkische Bauerntracht. Seidenes Mieder, bunt; oberpfälzisch. Bruchstück eines Teppichs. Weißblaue Cocarde; 1848. — **Regensburg.** Buchdruckereibesitzer Reithmayer: 38 Matritzen für Buchdruckclichés; 19. Jahrh. — **Rohrbach** (Unterfranken). Kirchenverwaltung Rohrbach: Gypsabguß eines Madonnenkopfes von einem Vesperbild (Pietà) in der Kreuzkapelle zu Rohrbach; das Original gehört der Schule Tilman Riemenschneiders an. — **Stuttgart.** Konsumvereinsdirektor Thomann: Eine Anzahl Teigabdrücke von "Guteles"-modeln. Eine Blechbüchse, ein Bügeleisen, eine Anzahl Siegelabdrücke, Gypsabguß einer Hostienzange. — **Wien.** Frau verw. Hofrat von Raimann: Bronzemedaille auf den k.k. Hofrat Franz Ritter von Raimann, 1900; von Breithut.

Ankäufe:

38

Vorgeschichtliche Denkmäler: Bronzeschwert, Ortband, verzierte Scheibe aus gebranntem Thon; gefunden zu Freihausen bei Beilngries.

Frühchristliche und germanische Denkmäler: Drei sillberne. vergoldete Fibeln; frühchristlich-gotisch. Gefunden in der Romagna.

Medaillen: Silbervergoldete Medaille (in defekter Anhängerfassung) auf Ludwig Friedrich Herzog von Würtemberg; 1626. Rv. Wappen. Silberner Schauthaler auf Hans Widmann, Aigenthumbsherr der Herrschaft Sommeregg etc.; 17. Jahrh. Silbermedaille auf Cardinal Otto Truchseß von Waldburg, Bischof von Augsburg von Lor. Parmensis, Rv. Cruzifix mit Pelikan. Goldene Medaille auf Heinrich Casimir von Nassau; Rv. allegorische[pg 13] Figur mit Wappen. Ovale, silbervergoldete Medaille auf die Vermählung Friedrich V. von der Pfalz mit Elisabeth von England; 1613. Silbvergoldete Medaille auf Marquard Rosenberger; 16. Jahrh.

Waffen: Dolch, Panzerbrecher, mit durchbrochener Klinge; Griff und Parierstange in Eisenschnitt; 16. Jahrh. Radschloßschlüssel mit Pulvermaß; mit reichem Eisenschnitt auf Goldgrund; 17. Jahrh.

Kirchliche Geräte: Altarzierrat in Form einer Bronzegruppe auf Holzpostament mit Schildkroteinlagen; der hl. Michael den Teufel bezwingend; teils Silber, teils vergoldete Bronze; 17. Jahrh.; im 18. restauriert; aus Eichstätt. Große gravierte Oster-(Seder)schüssel, jüdisch; Zinn; 18. Jahrh.

Kleine Plastik: Elfenbeinrelief, die Geburt Christi darstellend; 15. Jahrh. Aus Kloster Plankstetten.

Zeichen und Jetons: Bestand alter hölzerner Bierzeichen; aus einer Schloßbrauerei stammend.

Hausgeräte: Nürnberger Geduldspiel; 16. — 17. Jahrh.

Tracht und Schmuck: Seidene mit blauen und gelben Schnüren benähte Knabenjacke; Ende des 16. Jahrh. Degenbandelier aus Leder mit gelber Reliefseidenstickerei; um 1650.

Bäuerliche Altertümer: Kinderbrett, geschnitzt, friesisch; 17. — 18. Jahrh.

Depositum.

Nürnberg. Pegnesischer Blumenorden: Hoher Deckelpokal, Silber, teilvergoldet und emailliert. Kugelbecher mit Deckel; Silber, teilvergoldet. Beide Nürnberger Arbeiten des späteren 17. Jahrh.

KUPFERSTICHKABINET.

Geschenke.

Buchloe. Joh. Nep. Eser: Zwei Ex-libris des Hrn. Geschenkgebers. — **Dresden.** Oswald Klemm, kgl. sächs. Hofmusikalienhändler: Porträt des Orgelbauers Joh. Andr. Silbermann (1712-1783). Lichtdruck des Kupferstiches von C. Guerin. **Freiburg i. B.** G. B.: Andachtsbildchen mit der ausgeschnittenen Kreuzigung Christi. — **Hildesheim.** Professor Fr. Küsthardt, Bildhauer: Photographie von Reliefs des Rolandbrunnens zu Hildesheim. — **Konstanz.**

Johannes Blanke: Ex-libris des Hrn. Geschenkgebers. —
London. Lord Powerscourt: Votivtafel der Nürnberger
Familie Ketztel. Photographie nach einem Ölgemälde des 16.
Jahrhdts. im Besitze des Hrn. Geschenkgebers. —
Niederelbert (Kreis Montabaur) Friedr. Altmann: Ex-
libris des Hrn. Geschenkgebers — **Nürnberg.** F. Heidner,
Tanzlehrer: Auszug des Rothgerberhandwerkes zu
Nürnberg 1687. Kupferst. v. Th. Hirschmann. Neuer
Abdruck. Merklein, Juwelier: Sieben Bll. Kupferstiche von
J. C. Visscher, Corn. Galle, J. M. Will, Chr. Guerin, Le Bas,
Aug. de St. Aubin u. A. W. Küffner. Sieben Bll.
Lithographien von G. P. Buchner, J. Bergmann, Lemercier
u. Engelmann. **Stuttgart.** Hofmarschall v. Baidinger:
Ex-libris des Hrn. Geschenkgebers.

Ankäufe.

Kupferstiche: Martin Schongauer B. 23. — Israel van
Meckenem B. 171. — Heinr. Aldegrever B. 263. — Barthel
Beham B. 42. P. 78a. — Jakob Bink B. 63. Aum. 103. 132. H.
S. Lautensack B. 20. 57. — Melchior Lorch P. 21. — Virgil
Solis: Segment einer Tellerbordüre mit Satyr u. Adler; desgl.
mit Justitia; zwei Entwürfe zu verzierten Dolchscheiden;
birnförmiger Deckelpokal; Büste Hektors in reicher
Umrahmung; die Flucht nach Aegypten; Amorettenfries. —
Martin Treu: Ornament-Panneau. — Matth. Zündt Andr.
72. 74. 75. 77. 78. — Unbek. Meister des 16. — 17. Jahrhdts.:
Wappen mit einem Löwen in einem Lorbeerkranz, der von
einem Engel gehalten wird. Monogrammist T. S. von 1582:
Bekränzter Bacchus in einer Landschaft. Punzenarbeit. —
Unbekannter Meister des 16. — 17. Jahrhdts.: Ex-libris des
Jacobo Kinig. — Wenzel Hollar P. 1343. J. L. Eißler: Folge
von Blumen- u. Früchtekränzen. — Unbekannter
Niederländer: Brustbild des Dichters Jan van der Noot. 1577.

— Jakob de Gheyn P. 56. — Jan Collaert: Mars u. Venus nach [pg 14] Stradanus. Gerard de Jode: icones duodecim caesarum Romae: ex antiquissimis monumentis etc. Lucas Suavius: die Grablegung nach Dürer.

Holzschnitte: Albrecht Dürer B. 158. 169. 170. app. 2. app. 52 (P. 212). app. 54 (P. 317). app. 58 (P. 324). P. 216. Ecce homo u. das jüngste Gericht. Gestochene Kopien nach den Dürer'schen Holzschnitten. — Lucas Cranach B. 1. 18. 117.

Handzeichnungen: Imagines Hemisphaerii meridionalis. Federzeichnung mit Abweichungen nach dem Dürer'schen Holzschnitt B. 152.

ARCHIV.

Geschenke.

Nürnberg. Oberlandesgerichtsrat D a m m e r : Brief des Reichstagsabgeordneten Dr. Lieber an ihn. Camberg, 19. III. 1876. Orig. Pap. Frau Oberlandesgerichtsratswitwe B. K i ß k a l t : Lehenbrief des Markgrafen Georg Friedrich Carl zu Brandenburg für den Bürgermeister J.W. Zeitler zu Goldkronach über die Zehnten zu Deyss. 21. III. 1728. Orig. Perg. U n g e n a n n t e r G e b e r : Kaufbrief des Jacob Blommart, Bürgers zu Nürnberg, über ein Haus in der Judengasse, genannt zum roten Hahn. 7. XI. 1687. Orig. Perg.

BIBLIOTHEK.

Geschenke.

Seine Majestät der Deutsche Kaiser hatten die Gnade, dem Museum durch Vermittlung der Kgl. Preußischen Gesandtschaft in München allerhuldvollst zu überweisen: L. Jacobi, Das Römerkastell Saalburg bei Homburg v.d.H. 1897. Karte und Tafeln in besonderem Band.

Aachen. Herm. Friedr. Macco: Ders., Die reformatorischen Bewegungen während des 16. Jahrh. in der Reichsstadt Aachen. 1900. 8. — **Agram.** Kroatisch-slavonisch-dalmatinisches Landesarchiv: Berichte II, 2. 1900. 8. — **Ansbach.** Justizrat Enderlein, durch Vermittlung von H. Oberstabsarzt a. D. Dr. Röhring: 106 Bücher, meist juristischen Inhalts. — **Arnsberg.** Handelskammer: Jahresbericht f.d.J. 1899 (1900) gr. 8. — **Bamberg.** Bezirks-Gremium für Handel u. Gewerbe: Jahresbericht pro 1899. 8. — **Barmen.** Handelskammer: Jahresbericht pro 1899. 2. — **Bayreuth.** Handels- u. Gewerbekammer für Oberfranken: Jahresbericht pro 1899. (1900.) 8. — **Berlin.** Bureau des Wasserausschusses: Beantwortung der im Allerhöchsten Erlasse vom 28. Febr. 1892 gestellten Frage B: »Welche Maßregeln können angewendet werden, um für die Zukunft der Hochwassergefahr und den Überschwemmungsschäden soweit wie möglich vorzubeugen?« für das Eibstromgebiet. (1899.) 2. Kgl. Friedr.-Wilh.-Gymnasium: Jahresbericht. 1900. 4. — Generalverwaltung der Kgl. Museen: Jahrbuch der Königlich Preuß. Kunstsammlungen. 21. Bd., 2. Heft. 1900. 2. Deutsche Gesellschaft für Ethische Kultur: 5. Jahresbericht der Ersten öffentl. Lesehalle f.d.J. 1899. (1900.) 8. — Kriegsministerium, Medizinal-Abteilung:

Veröffentlichungen aus dem Gebiete des Militär-Sanitätswesens: Heft 16: Knaak, Die subkutanen Verletzungen der Muskeln. 1900. 8. Franz Freiherr v. Lipperheide: Katalog der Freiherrl. von Lipperheide'schen Sammlung für Kostümwissenschaft. 2. Abt.: Büchersammlung. 1. Bd. 1900. 8. Ministerium der öffentl. Arbeiten: Zeitschrift für Bauwesen. Jahrg. 50. H. 4-6. Nebst Atlas. 1900. 2 u. gr. 4. Ministerium für Landwirtschaft: Landwirtschaftliche Jahrbücher XXVIII. H. 1-6. Nebst Ergänzungsband I-IV. 1899. 8. Gesellschaft Pan: Pan, V, 3. 1899. 2. Staatssekretär des Auswärtigen Amts: Aktenstücke zur Geschichte der deutschen Kolonien. 1899/1900. 2. K. Direktor v. Ubisch: Ders., Das Königl. Zeughaus. Führer durch die Ruhmeshalle und die Sammlungen. 1900. 8. — **Braunschweig.** Direktorium des herzogl. Museums: Riegel, Verzeichnis der Gemälde-Sammlung. 1900. 8. — **Brünn.** Mährisches Gewerbemuseum: XXV. Jahresbericht 1899. (1900.) 8. — **Cassel.** Magistrat: Bericht über die wichtigsten Zweige der Verwaltung. 1898/99. 1900. 4. — **Coblenz.** Handelskammer: Jahresbericht 1899. I. 1900. 2. — **Dresden.** O. V. Böhmert, Verlag: Der Alkoholismus. Vierteljahrsschrift. Jahrg. I. Heft 1. 1900. 8. Direktion des Kgl. Histor. Museums: Führer durch die [pg 15] Königl. Gewehrgalerie zu Dresden von M. v. Ehrenthal. 1900. 8. — **Düsseldorf.** Handelskammer: Bericht über das Jahr 1899. 1900. 8. — **Eger.** Stadtrat: Siegl, Die Kataloge des Egerer Stadtarchivs. 1900. 8. — **Einsiedeln.** Benziger & Co., A.-G., Verlagsanstalt: Kuhn, Allgemeine Kunstgeschichte. 21. Lief. 1900. gr. 8. — **San Francisco.** Universität: The international competition for the Phoebe Hearst architectural plan of the University of California. 1899. qu. 8. — **Frankfurt a. M.** Handelskammer: Jahresbericht für 1899. (1900.) 8. mit Beilagen. Frau Baurat Müller: L.

Müller, Die neue evangelische Garnisonkirche zu Straßburg i. E. 1899. 4. Realschule der israelitischen Gemeinde Philantropin: Programm 1900. 4. Frhrl. Carl v. Rothschild'sche öffentl. Bibliothek: Verzeichnis der Bücher. Bd. 2. Heft I, 8. Zugangsverzeichnis f. d. J. 1895. 8. Verein f. d. histor. Museum: XXIII. Jahresbericht. 1900. 8; Quilling, Führer durch das Städtische Historische Museum. 1900. 8. — **Frankfurt a. O.** Handelskammer: Jahresbericht f. 1899. 1900. 8. — **Freiburg i. Br.** Herder'sche Verlagsbuchhandl.: Erläuterungen und Ergänzungen zu Janssens Geschichte des deutschen Volkes. Herausg. L. Pastor I, 5 6. 1900. 8. Dies.: Grisar, Geschichte Roms und der Päpste im Mittelalter. 1900. 8. Lief. 9. — **Freising.** Fr. P. Datterer, Verlag: Schlecht, Die Pfalzgrafen Philipp und Heinrich als Bischöfe von Freising. 1898. 8. **S'Gravenhage.** Ministerie van binnenlandsche zaken: Rijks ethnographisch museum te Leiden. Verslag. 1898/99. 1899. 8. — **Graz.** Steiermärkischer Kunstgewerbe-Verein: Rechenschaftsbericht des Ausschusses. 1899-1900. 4. — **Halle a. S.** Dr. Edmund O. von Lippmann: Ders., Die Entwicklung d. deutschen Zuckerindustrie v. 1850-1900. 1900. 8. Städt. Museum für Kunst- und Kunstgewerbe: Otto, Bericht über d. 15-jähr. Bestehen 1885-1900. 1900. 8. — **Hannover.** Hahn'sche Buchhandl.: Neues Archiv XXV, H. 2. 1900. 8. — **Harburg.** Handelskammer: Jahresbericht f. 1899. 8. — **Heidelberg.** Bad. Histor. Kommission: Oberbadisches Geschlechterbuch II, 2. 1900. 4. — **Hof.** Ernst Grau: Essich, Joh. Gottfr., Von den chirurgischen Krankheiten. 1788. 8. — **Innsbruck.** Prof. D. Dr. Emil Michael: Ders., Oswald Redlich u. s. Replik in Sachen der deutschen Geschichte Michaels. S.-A. (1900.) 8. — **Kitzingen.** Stadtgemeinde: Jahresber. f. d. J. 1898. 1900. 8. — **Klein-Winternheim.** Pfarrer Dr. Franz Falk: Ders., Die

Pfinzinge von Nürnberg. S.-A. (Beilage z. Germania) 1900. 4. — **Kristiania** Kunstindustrimuseet: Beretning I. 1899. 1900. 8; Udstilling af Herreboe fayencer. 1900. 8. — **Leipzig.** Eugen Diederichs, Verlag: Heinemann, Der Richter und die Rechtspflege in der deutschen Vergangenheit. (Steinhausen's Monographieen zur deutschen Kulturgeschichte IV.) o. J. gr. 8. Verlagshandl. Giesecke & Devrient: Hohenzollern-Jahrbuch, hrsg. v. Paul Seidel. III. Jahrg. 1899. 2. S. Hirzel, Verlag: Heyne, Fünf Bücher Deutscher Hausaltertümer: I. Bd.: Das Deutsche Wohnungswesen. 1899. 4. Direktor der Königlichen Kunstakademie u. Kunstgewerbeschule: Bericht über die Zeitdauer von Ostern 1898 bis Ostern 1900 erstattet von Ludw. Nieper. 4. — Kunstgewerbe-Museum: Ausstellung von Gegenständen orientalischen, meist persischen Kunstgewerbes. 1900. 8. Kunstverein: 33. Bericht. 1900. 4. M. Spirgatis, Buchhandl. u. Antiquariat: Sammlung bibliothekswissenschaftl. Arbeiten, hrsg. v. Karl Dziatzko. 13. Heft. 1900. 8. B.G. Teubner, Verlag: Byzantinische Zeitschrift, hrsg. v. Karl Krumbacher. IX. Bd. 2. u. 3. Heft. 1900. 8. J.J. Weber, Verlag: Theo Sommerlad, Die wirtschaftliche Thätigkeit der Kirche in Deutschland. I. Bd. 1900. 4. Unbekannter Absender: Emil Frommel, Am Sarge Ludwig Burger's. 1884. 8. — **Magdeburg.** Verein zur Erhaltung der Denkmäler der Provinz Sachsen: 7. Jahresbericht für 1899. 1900. (1900) 8. mit Kunstbeilage. — **Mainz.** Päpstlicher Prälat und Domkapitular Dr. Friedr. Schneider: Ders., Domdekan Franz Werner. 1899. 8. Ders., Die Brandenburgische Domstifts-Kurie zu Mainz. S.-A. aus dem Hohenzollern-Jahrbuch 1899. 2. — **Mannheim.** Handelskammer: Jahresbericht f. d. J. 1899. I. 8. Theodor Wilckens, Großherzogl. Obersteuerinspektor: Der Reichsadler des Math. Quadt vom Jahre 1587. S.-A. 1900. 4. — **München.**

Jos. Albert, Kunstverlag: Die Kunstdenkmale des Königreiches Bayern. I. Bd. Lief. 18 mit Atlas. 1900. 2. u. 4. Verlagsanst. F. Bruckmann, A.-G.: Die Verlagsanstalt F. Bruckmann A.-G. u. die Bruckmann'sche Buchdruckerei München. Eine moderne Werkstätte für Buchdruckgewerbe u. graphische Reproduktion. 1900. 8. Deutsche Gesellschaft f. Christliche Kunst: [pg 16] Bericht: I. Prof. Dir. Hollweck, Veräußerung kirchlicher Kunstgegenstände. II. Mitglieder-Verzeichnis. 1900. 8. Das Großkanzler-Amt des Königl. Bayerischen Haus-Ritterordens vom hl. Georg: Watzelberger, Mitglieder-Verzeichnis nach dem Stande vom 24. April. 1900. 8. Prof. Dr. Johs. Ranke: Ders., Erinnerung an die vorgeschichtl. Bewohner der Ostalpen. S.-A. (1899.) 8. Ders.: Fr. Weber, Bericht über neue vorgeschichtliche Funde in Bayern. S.-A. o. J. (1898.) 8. — **Nordhausen.** Handelskammer: Jahresbericht für 1899. (1900.) 8. — **Nürnberg.** Sektion Nürnberg des Deutschen u. Österreichischen Alpen-Vereins: Festschrift zur Feier des 30-jährigen Bestehens. 1899. 8. Paul Bauriedel: Ders., Reise-Erinnerungen aus der Krim, dem Kaukasus u. Armenien. S.-A. 1899. 8. Karl Enzensberger: Soldatenfibel. ca. 1800. 8. Angeb.: Soden, Christl. Sittentäfelein. 1797. 8. Adolf Lange: Tob. Conr. Lotterus, Atlas geographicus portatilis. 18. Jahrh. qu. 8. Archivrat Ernst Mummenhoff: Die Burg zu Nürnberg. II. Aufl. 1900. 8 Joh. Phil. Raw'sche Verlagsbuchhandl.: Reicke, Geschichte der Reichsstadt Nürnberg. 1896. 8. Oberstabsarzt a. D. Dr. Röhring: Vier Schriften zur Frage der Reichs-Wohnungs-Gesetzgebung; Roth, Jos. Herm., Über den Einfluß der Blutsverwandtschaften auf die Entstehung der Geisteskrankheiten. 1898. 8; Winckler, Geschichte des Bades Steben. 1893. 8.; Leitschuh, Vorbilder und Muster der Bamberger ärztlichen Schule. 1877. 8.; Ratschläge zur Verhütung und Bekämpfung der Schwindsucht. 1897. 8.

Frau Apotheker Schönniger: Neuestes Conversationslexikon f. alle Stände I-VIII. 1832-38. gr. 8.; Gesangbuch für die protestantische Kirche des Königreichs Bayern. 1828. 8; Biblia, Das ist die ganze Hl. Schrift. 1710. 8.; Gesangbuch für die protestantische Gesamt-Gemeinde des Kgr. Baiern. 1823. 8.; Biblia, Das ist: Die gantze Heil. Schrift ... nach d. Teutschen Übersetzung Dr. Martin Luthers. Samt einer Vorrede von Hieronymo Burckhardt. Basel. 1753. 8.; Biblia. Von Luther. Vorrede von Gust. Phil. Mörl. 1781. 8.; Der belehrende Bayerische Sekretär. 1859. 8.; Seuffert, Anmerkungen zu Linde, Civil-Prozeß. Pap.-Hs. W.-S. 1825/26. 8.; Drümel, Lexicon manuale latino-germanicum et germanico-latinum. I-III. 1753. 8.; Riemer, Griech.-Deutsches Hand-Wörterbuch I-II. 1819-1820. 8.; v. Kreittmayr, Anmerkungen über den Codicem Maximilianeum Bavaricum civilem I-IV. 1759-1797. 8.; Conversations-Lexikon der neuesten Zeit u. Litteratur I-IV. 1832-34; Conversations-Lexikon I-X. Nebst 5 Supplementbänden. 1816-20. 8. Stadtmagistrat: Verwaltungsbericht des Rates der Stadt Leipzig für das J. 1898. (1900.) 8. Ungenannt: Compendieuser Hand- Reiß- und Schreib-Calender. 1758. schmal 8. — **Offenbach.** Dr. Eugen Traeger: Ders., Die Rettung der Halligen und die Zukunft der schleswig-holsteinischen Nordseewatten. 1900. 8. — **Ohrdruf.** Direktorium des Gräfl. Gleichenschen Gymnasiums: Jahresbericht für das Schuljahr 1897/98. (1898.) 4. — **Philadelphia.** Henry S. Dotterer: Ders., The Perkiomen Region, Past and Present. 1900. 8. — **Plauen i.V.** Kgl. Gymnasium: XI. Jahresbericht 1899/1900. Nebst Programm 1900. 4. — **Regensburg.** Baugewerkschule: Jahresbericht 1899/1900. 8. — **Ribnitz i.M.** Vermächtnis des † Pastors Ludwig Dolberg: Abriß, Kurzer — der russischen Kirche. 1788. 8.; Acten der vom 5ten b.z. 17ten Sept. 1849 in Schwerin statt gehabten kirchlichen Konferenz. 1849. 8.; Aler, Paulus, Gradus ad

Parnassum. 1706. 8.; D'Anville, Handbuch d. mittl. Erdbeschreibung. 1782. 8.; Apologia, Fürstliche Mecklenburgische — 1630. 4.; Archenholtz, Joa. Gvil. de —, Historia belli septensis. 1792. 8. Augusti, Jo. Christ. Guil., Corpus librorum symbolicorum, qui in eccl. Reformatorum auctoritatem publicam obtinuerunt. 1827. 8.; Augustinus, Regula. 1722. 8.; Bachmann, Friedrich, Die landeskundliche Literatur über die Großherzogtümer Mecklenburg. 1889. 4.; Bericht, Höchst-gemüßigter Historischer-Acten-mäßiger — von ... Hrn. Carl Leopold, Hertzogen zu Mecklenburg. 1719. 2.; Beschreibung der Festlichkeiten bei Erledigung u. Wiederbesetzung des päpstlichen Stuhles. (1823.) 8.; Biblia Hebraica rec. August Hahn. 1839. 8.; Biblia Sacra Vulgatae editionis edid. Val. Loch. Editio secunda. Tom. I-IV. 8.; Bibliothek d. Mecklenburgischen Ritter- u. Landschaft. 2. Abt. Lief. 1 u. 2. 1859. 8.; Bieling, A., Geschichte d. Cisterzienserinnen-Klosters Gaukirch zu Paderborn. 1878. 8.; Boileau, oeuvres-despreaux. I. II. An VII. 16.; Böttcher, Carl Julius, Das Leben Dr. Johann Gerhards. 1858. 8.; Brandner, Otto, Catolog von Kirchen-Ornamentik. 1874. 8.; Braunhard, Chrestomathie française. 1852. 8.; Breviarium Romanum. 1779. 8.; Brock, P., Die chronologische Sammlung der [pg 17] Dänischen Könige im Schlosse Rosenburg. 1888. 8.; Brugsch, Heinr., Übersichtl. Erklärung Ägyptischer Denkmäler des Kgl. Neuen Museums zu Berlin. 1850. 8.; Bulletin de l'institut égyptien. Années 1869-71. 1872. 8.; Burckhardt, Jacob, Der Cicerone. 3. Aufl. 1874. 8.; Canones et decreta sacrosancti oecumenici Concilii Tridentini. 1846. 8.; Caesaris (C. Julii) quae exstant cum interprete Graeco. (rec. G. Jungermann). 1669. 4.; Caesarius Heisterbachcensis' Illustrivm miracvlorvm et historiarvm memorabilivm lib. XII. Antverpiae, ex officina typographica Martini Nutij 1605. 8.; Catechismus, der Kleine — (1717.) kl. 8.; Curtius Rufus, de gestis Alexandri Magni. 1849. 8.; Crull, F., Die alten Wandmalereien in der Kirche zu Toitenwinkel.

A. d. Zeitschr. f. Christl. Kunst 1891. Nr. 9.; D.B.***, Memoires du gouvernement de l'empire. 1741. 8.; Damen-Conversations-Lexikon I-X. 1834-38. 8.; v. Dedenroth, Der Winterfeldzug in Schleswig-Holstein. 1864. 8.; Denkmal, das — des Großherz. Friedrich Franz II. v. Mecklenburg-Schwerin. 1893. 8.; Denkmäler der Kunst zur Übersicht ihres Entwicklungs-Ganges. I. Abschnitt. 1845. qu. 2.; dieselben Bd. I. IV. 1851. 56. qu. 2.; Dezobry, Ch., Rome au siècle d'Auguste ou voyage d'un Gaulois à Rome. Im Auszuge von Ch. Boeckel. 1850. 8.; Dichter, Griechische — in neuen metrischen Übersetzungen, hrsg. v. Tafel, Osiander u. Schwab. XV. Bdchen: Apollonius des Rhodiers Argonautenfahrt. I. 1837. kl. 8.; Döring, F.W., Anleitung zum Übersetzen a.d. Deutschen ins Lateinische I. 1846. 8.; Droz, Gustave, Entre nous. 18e édition o.J. 8.; Du Cange, Glossarium mediae et infimae latinitatis A-H., J-Z. 1710. 2.; Dvrantus, Gvil., Rationale divinorvm officiorvm. 1589. 4.; Ebel, J.G., Anleitung ... die Schweiz zu bereisen. 1840. 8.; Erasmus, Colloquia familiaria 1736. 8.; Essenwein, Die Baustile 3. Bd., 1. Hälfte. 1886. 2.; Eusebius, Kirchengeschichte, übers. v. Cloß. 1839. 8.; Florian, M. de —, Oeuvres tome IVe 1796. 8.; Francke, Heinrich, Arnold v. Brescia u. seine Zeit. 1825. 8.; Friederichs, C., Berlins antike Bildwerke I, II. 1868. 1871. 8.; Frisch, C.F., Schweden. 1861. 8.; Gavanto, Bartholomaeus, thesaurus sacrorum rituum. 1834. 4.; Gebetbuch, Das allgemeine — von England u. Irland. 1831. kl. 8.; Gehres, Siegm. Friedr., J. Reuchlins Leben. 1815. 8.; Gemälde von Ägypten. 1839. 8.; Gentz. Friedr., Maria Königinn von Schottland. 1799. kl. 8.; Georges, K.E., Lateinisch-Deutsches Handwörterbuch I/II. 1837. 1838. 8.; Ders., Deutsch-Lateinisches Handwörterbuch I. II. 1839. 8.; Gerhard Joannes, Meditationes sacrae. 1842. kl. 8.; Geschichte Frankreichs im Reformations-Zeitalter. Kollegienheft. Pap.-Hs. 210 S. 19. Jahrh. 4.; Geschichte des Volkes Israel. Kollegienheft (nach Mich. Baumgadten-

Rostock) Pap.-Hs. 306 S. SS. 1854. 4.; Gesenius, Wilh., Neues hebräisch-deutsches Handwörterbuch. 1815. 8. Ders., hebräisches Elementarbuch. I. Teil: Hebr. Grammatik. 1848. 8.; Gibbon, Ed., Geschichte des Verfalls u. Untergangs des Römischen Reichs I-XIX. 1805. 1806. 8. Gottfried, J.L., Historische Chronika. Unvollständig. (VI-VIII nebst Register). Ausgabe von — ? 2.; Grieben, Herm., Dante Alighieri, o.J. kl. qu. 2; Grueber, Bernh., Die Kunst des Mittelalters in Böhmen. 1871. 4.; Grundy, John, The Strangers Guide to Hampton court palace and gardens. 1862. 8; Guericke, Heinr. Ernst Ferd., Handbuch der Kirchengeschichte. I/II u. III. 1849. 1850. 8.; de Guilhermy et Viollet-Le-Duc, Description de Notre-Dame cathedrale de Paris. 1856. 8.; Hafenreffer, Mathias, Loci Theologici. 1601. 16.; Hane, Paschen Heinrich, Übersicht der Mecklenburgischen Geschichte. 1804. 8.; Hedericus, Bernh., Kurtze Verzeichniß Der Bischöffe zu Schwerin. Pap.-Hs. 1603. 2.; Hirzel, Caspar, Praktische französische Grammatik. 1848. 8.; Höfling, Joh. Wilh. Friedr., Die Lehre des Irenäus vom Opfer im christlichen Kultus. (1840). 8.; Homer, Ilias, ed Niemeyer I. II. 1778. 1781. 8.; Homer, Odyssea I. II. 1839. 8.; Homeyer, G., Die Loosstäbchen. 1868. 8.; Horatius, Opera, rec. Weise. 1843. 8.; Hübner, Jul., Verzeichnis der Dresdener Gemäldegallerie. 1862. 8.; Hug, Joh. Leonh., Einleit. in die Schriften d. N. Testaments. I/II. 1821. 8.; Hurter, Friedr., Gesch. Papst Innocenz d. III. I-IV. 1841-44. 8.; Hotter, B., Loci theologici 1764. 8.; Ideler, Ludw., Handbuch der französischen Sprache u. Litteratur. 1844. 8.; James, William, Vollständiges Wörterbuch der englischen und deutschen Sprache. I./II. 1863. 8.; Joanne, Ad., et Fernand, J., De Lyon à la Mediterranée. 1862. 8. de Joinville, Historie de Saint Louis, roi de France. 1826. 8; Kantzow, Thomas, Chronik von Pommern in Niederdeutscher Mundart (Wilh. Böhmer). 1835. 8.; Karsten, H., Darstellung des Wesens u. der Eigentümlichkeit der römisch-katholischen Kirche. 1860. 8.;

Kliefoth, Th., Liturgische Blätter für Mecklenburg 1845-47. 8.; [pg 18] Koppe, Joh. Christian, Jetztlebendes gelehrtes Mecklenburg. I-III. Stück. 1783-84. 8.; Koran, Der — ins Teutsche verdollmetschet v. Theod. Arnold. 1746. 4.; Kühnel, P., Die slavischen Orts- u. Flurnamen der Oberlausitz I. u. II. Heft. 1891. 8. Kühnel, P., Der Name Schlesien. 1892. 8.; Kunstblatt, Christliches, Jahrg. 1884. 8.; Kunstdenkmale, Mittelalterliche — des Österreichischen Kaiserstaates. I. u. II. 1858. 1860. 2.; Kurtz, Joh. Hch., Lehrbuch der heiligen Geschichte. 1853. 8.; ders., Lehrbuch der Kirchengeschichte. 1860. 8. de Lamartine, Faits et journées mémorables de la révolution française. 1848. 8. Lauth, Franz Joseph, Moses der Ebraeer. 1868. 8.; Lenoir, Alexandre, Description des monuments de sculpture réunis au musée des monuments francais. 1806. 8.; Lesker, Bernh., Irlands Leiden u. Kämpfe. 1881. 8.; Leusden, Joannes, [Greek: hê kainhê diathêkê] 1710. 8; Lexikon aller Anstößigkeiten u. Prahlereyen, welche in denen — Schriften Friedrichs des Zweyten vorkommen. 1789. 8.; Lind, Karl, Die österr. kunsthistor. Abteilung auf der Wiener Weltausstellung. 1873. 2; Lingard, John, Alterthümer der angelsächsischen Kirche. 1847. 8.; Lisch, G.C.F., Berichtigung einer von dem Herrn Staatsminister von Kamptz... gemachten Äußerung. 1844. 8.; Lübke, Wilh., Geschichte der Architektur. 1865. 8. M.A. Th.***, Leben Davids, ersten Maler Napoleons. 1827. 8. Machiavelli, Florentinische Geschichten I./II. 1846. 8.; ders., Il principe. 1852. 16.; Maurique, Angelus, Cisterciensivm sev verivs ecclesiasticorvm annalivm a condito cistercio tomvs primvs. 1642. 2.; Mariette-Bey, Aug., Abriß der Geschichte Ägyptens. 1870. Pap.-Hs. 52 S. 4.; ders., Notice des prineipaux monuments. 1872. 8.; Merle d'Aubigné, J.H., Der Protektor. 1859. 8.; Missale Romano-Moguntinum 1698. 2.; Missionsblatt, Evangelisch-Lutherisches. 1862-75. 8; Möhler, F.A., Symbolik. 1843. 8.; de Moleon, Voyages lithurgiques de France. 1718. 8.; Moll, Carl Bernh., Hymnarium. Blüten latein. Kirchenpoesie. 1861. 16.; Mucke, Ernst, Laut- u. Formenlehre der Niedersorbischen Sprache. 1891. 8.; ders., Die slavischen Ortsnamen der Neumark. 1898. 8.; Müller, Sophus, Die nordische Bronzezeit. 1878. 8.; Müller-Mothes, Archaeologisches Wörterbuch der Kunst. I. II. 1877. 1878. 8.; Mündler, (Otto), Bode, (Wilh.) u. A., Beiträge zu Burkhardt's Cicerone. 1874. 8.; Napoleon III., Über die Vergangenheit u. Zukunft der Artillerie. 1856. 8.; Nitsch, Paul Fr. A., neues mythologisches Wörterbuch I. II. 1821. 8.; Opusculum: De praecipuis ecclesiae ritibus op. singulare. 1786. 8.; v. Oertzen, Über die Versagung des kirchlichen Begräbnisses durch die Pastoren. 1863. 8.; Overbeck, J., Pompeji. 1866. 8.; Ovidii Nasonis quae supersvnt cvr. Ant. Richter. 1826. kl. 8.; Parisius, Peter Paul, consiliorvm Vol: I-IV. 1590. 2.; Passow, Franz, Handwörterbuch der Griechischen Sprache. I. II. 1831. 8.; Pastrnek, Národopisny Sbornik. 1899. 8.; Pausanias, Reisebeschreibung von Griechenland (Goldhagen). 1798/99. 8.; Peine, Selmar, Die Goldene Pforte von Freiburg. 1897. 8.; Peter Venerabilis, Miracolorvm libri II. 1595. kl. 8.; Peters, C. J. F., Das Land Swante-Wustrow. 1884. 8.; Philipon, M. Ch., Paris et ses environs. 1840. 4.; Philippi, F.A., Der thätige Gehorsam Christi. 1841. 8.; Philippi, Fr. Ad., Einleitung in das Neue Testament. Kollegienheft. W.S. 1853/54. Pap.-Hs. 279 S. 4.; Philippi, F.A., Die Briefe des Paulus an die Corinther. Kollegienh. 1854/55. Pap.-Hs. 172 S. 4.; Plinius, Epistolae et Panegyricus. 1773. 8.; Prosch, C.F.W., Offenes Schreiben. 1868. 8.; Prozeß, Der — gegen die Mitglieder des National-Vereins in Rostock. 1865. 8.; Pütter, Anleitung zur Juristischen Praxi. I. II. 1789. 8.; *r., Napoleon dargestellt nach den besten Quellen I. II. 1838. 1839. 8.; Radiguet, Max, Souvenirs de l'Amérique éspagnole. 1856. 8.; Ralph, W.H., Souvenir de musée de Boulaq. Caire. o. J. 8.; Regola Sancti patris Benedicti. 1610. 8.; Richter, Aemil. Ludw., Die evangel. Kirchenordnungen des 16. Jahrh. I. II. 1846. 4.; Ritter, J.G.C,

Grammatik der mecklenburgisch-plattdeutschen Mundart. 1832. 8.; Rituale Cisterciense. 1892. 8.; Rituale Culmense. 1850. 8.; Roon, Albr. v., Grundzüge der Erd-, Völker- u. Staatenkunde. 1832. 8.; Rudloff, Fried. Aug., Pragmatisches Handbuch der Mecklenburgischen Geschichte. Des dritten Teils erster Band. 1794. 8.; Rüstow, Der Krieg von 1866. 1866. 8.; Sallust, Opera. 1820. 8.; Sammlung der neuesten Übersetzungen der lateinischen prosaischen Schriftsteller: Die sechs kleineren Geschichtsschreiber der Historia Augusta. v. J.P. Ostertag. I. u. II. Bd. 1790; Schlegel, Friedr., Geschichte der Jungfrau von Orleans. 1802. 8.; Schlie, Friedr., Beschreibendes Verzeichnis der Werke älterer Meister. 1882. 8.; ders., Gypsabgüsse antiker Bildwerke im großh. Museum zu Schwerin. 1887. 8.; ders., Reliquienkästchen von Elfenbein im [pg 19] Museum zu Schwerin. 1892. 8. S.-A. a.d. Zeitschr. f. Christl. Kunst. 1892 Nr. 12; ders., Aus der Kunstgewerbl. Abteilung des Großh. Museums zu Schwerin. IV. S.-A. 1894. 8.; ders., Das Hamburgische Museum f. Kunst u. Gewerbe. S.-A, 1894. 4.; ders., Altertümer aus Kirche u. Kloster des hl. Kreuzes zu Rostock. I. II. S.-A. 1895. 8.; Schmeizel, Martin, Einleitung zur Wappen-Lehre. 1723. 8.; Schmidt, J. A. E., Vollständigstes französisch-deutsches u. deutsch-französisches Handwörterbuch, o. J. 4.; Schnaase, Carl, Geschichte der bildenden Künste I-VIII. 1866-79. 8.; Schneidt, Paulinischer Lehrbegriff. Kollegienheft. W.-S. 1855/56. Pap.-Hs. 175 S. 4.; Schnitzer, Karl Fr., Origines über die Grundlehren der Glaubenswissenschaft. 1835. 8.; Schröder, Dieter., Wismarische Erstlinge. Erstes Stück (1734). 4.; Ders., Kirchen-Historie des Evangelischen Mecklenburgs. I-III. 1788-89. 4.; Schultze, Victor, Die Katakomben von San Gennaro dei Poveri in Neapel. 1877. 8.; Schweizer, A., Kritik des Gegensatzes zw. Rationalismus u. Supranaturalismus etc. 1833. 8.; Seroux d'Agincourt, J. B. L. G., Sammlung von Denkmälern I. Abt. Architektur. Text 8.; Tafeln, o. J. 2.;

Ségur, Comte de — , Histoire de Napoléon. 1846. 8; Simrock, Karl, Altdeutsches Lesebuch. 1859. 8.; Stieler, Ad. Schul-Atlas. 1865. qu. 2.; Tacitus, Opera I/II. 1825. 8.; ders., De vita et moribus Agricolae. (Wex.) 1852. 8.; ders., Die Germania. Übersetzt v. A. Bacmeister. 2. Aufl. 1881. 8.; Tafeln zu einem Werke über Diplomatik. Anf. d. 19. Jahrh. 2.; Testament: Chinese. — o. J. 8.; Testament, le nouveau — I/II. 1704. kl. 8.; Testamentum: Novum-Graece (Tischendorf) 1841. 4.; Testamentum: Novum-Graece. (Aug. Hahn) 1841. 8.; Thiele, Just. Mathias, Thorwaldsen's Leben I. II. III. 1852-56. 8.; Thiers, A., Geschichte der französischen Revolution I-VI. 1848. kl. 4.; Thietmar von Merseburg, Chronik (Laurent). 1848. 8.; Thomas v. Aquino, de duobus praeceptis charitatis etc. (recogn. Conradus Martin) 1851. kl. 8.; Thorwaldsens Werke 1.-4. Heft. 1837-38. Taf. mit Text. qu. 2.; Toelken, E. H., Erklärendes Verzeichnis der antiken vertieft geschnittenen Steine der Königlich Preußischen Generalversammlung. 1835. 8.; Tower, Der — von London. o. J. 8.; Ungnaden, Joachim Christoph, Amoenitates diplomatico-Historico-Juridiciae. 1749. 4.; Usinger, Rudolf, Die Grenze zw. Deutschland u. Frankreich. 1870. 8.; Vasari, Giorgio, Leben der ausgezeichnetsten Maler, Bildhauer u. Baumeister I-VI. 1832-49; Vater, Joh. Severin, Synchronistische Tafeln der Kirchengeschichte. 1825. 4.; Verzeichnis, Beschreibendes — der Werke neuerer Meister in der Großh. Gemälde-Gallerie zu Schwerin. 1884. 8.; Villot, Frédéric, Notice des tableaux du musée national du Louvre. 1877. 8.; Virgil, Opera, rec. C.H. Weise. 1844. kl. 8.; Visite, Une — à la chartreuse près de Pavie. 1836. kl. 8.; Vitruvius, Architectura, (Perrault & Müller) 1757. 8.; Walther, C. F. W., Die Stimme unserer Kirche in der Frage v. Kirche u. Amt. 1852. 8.; Weil, Gust., Historisch-kritische Einleitung in den Koran. 1844. 8.; Weltgeschichte, Allgemeine — ausgefertigt von Wilhelm Guthrie, Johann Gray, u. a., übersetzt von Christian Gottlob Heyne u. a. 1765-83. 8.; Wetzer, Heinr.

Jos., u. Weite, Bened., Kirchen-Lexikon. 1-13. 1847-60. 8.;
Wiedemann, Georg Friedr., Ritus celebrandi missam. 1833.
8.; Wiggers, Gust. Frdch., Versuch einer pragmatischen
Darstellung des Semipelagianismus. 1833. 8; Wiggers, Jul.,
Die kirchliche Bewegung in Deutschland. 1848. 8.; ders.,
Pastoral-Theologie. Kollegienh. W. S. 1856/57. Pp.-Hs, 105 S.
4.; Wilckens, Carl Frederik, Züge aus Thorwaldsens
Künstler- u. Umgangsleben. 1875. 8.; Woltmann, Alfr., Hans
Holbein der Jüngere. Text. (1865.) 2.; Wuttke, Zur
Geschichte der Philosophie. Kollegienh. W.S. 1855/56. Pp.-
Hs. 4.; Zöllner, Joh. Friedr., Reise durch Pommern nach der
Insel Rügen. 1797. 8. — Schloß **Rosenau, N.Ö.** F r a n z
K i ß l i n g: Ders., Kleines Merkbüchlein für Deutsche in
Deutschland. 1899. 8. — **Saalfeld i. Th.** Dr. A d o l f
K a y s e r: Ders., Erlebnisse eines rheinischen Dragoners im
Feldzuge. 1870/71. 1896. 8. — **Stuttgart.** M a x B a c h: Ders.,
Stuttgarter Kunst 1794-1860. 1900. 8. K g l.
W ü r t t e m b e r g i s c h e s Geh. Haus- u.
S t a a t s a r c h i v: Württembergisches Urkundenbuch VII.
1900. 4. (2 Exempl.) H o b b i n g & B ü c h l e, Verlag:
Traeger, Die Rettung der Halligen. 1900. 8. K.
K u n s t g e w e r b e s c h u l e: Jahresbericht. 1898/99. 1900. 8.
Konsumvereinsdirektor T h o m a n n: Buchholz, Frdch.,
Handbuch der spanischen Sprache u. Litteratur. 1801. 1804.
8.; Gebauer, Aug., Die Morgenröthe. 1819. 8.; "Gesellschaft"
(ohne Titelbl.). 16.; Histoire philosophique et politique des
établissements et du commerce des Européens dans les deux
Indes. 1773. 8.; Horatius Flaccus, Werke (Voß) I/II. 1822. 8.;
Hume, Essays and Treatises. I/II, III. 1793; Knauer, Maurit,
Immerwährender[pg 20] curieuser Haus-Calender 1799. 8.;
Pope, Alex., Sämtl. Werke. 1778-79. 8.; Stammbuch. 1. Hälfte
des 19. Jahrh. qu. 8.; Storren, Joh. Christian, Das
Himmelreich unter dem Bilde der zehen Jungfrauen. 1755.
8.; Taylor, Jeremias, Die Reglen u. Übungen seelig zu
sterben. 1682. 8.; Train, J.K. von, Chochemer Loschen. 1832.

8.; Weidner, Johann, Creutz-Schule. 1756. 8.; ferner eine Anzahl weiterer Bücher des 19. Jahrhdts. — **Tilsit.** Vorsteheramt der Korporation der Kaufmannschaft: Jahres-Bericht. 1899. 8. — **Turin.** Direktorium der kgl. Waffensammlung: Catalogo della armeria reale. 1890. 8. Dass.: Armeria antica e moderna di S. M. il rè d'Italia in Torino. I-III. (1898.) 2. — **Weimar.** Gymnasialdirektor Dr. Ludw. Weniger: Ders., Johannes Kromayers Weimarische Schulordnungen v. 1614 u. 1617. 1900. 4.; ders., Jahresbericht über das Wilhelm-Ernstische Gymnasium in Weimar. 1900. 4. — **Wien.** K. K. technolog. Gewerbe-Museum: XX. Jahresber. 1899. (1900.) 8. — **Wiesbaden.** Handelskammer: Jahresbericht. 1899. (1900.) 8. — **Wismar.** Dr. Crull: Marperger, Beschreibung des Hutmacher-Handwercks. 1719. 8.; Evers, Mecklenburgische Münz-Verfassung I. 1798. 8.; Sach, Das Herzogtum Schleswig. I-II. 1896-99. 8. — **Wunsiedel.** Fichtelgebirgs-Verein: Jahresbericht f. 1899 nebst einem Mitgl.-Verz. nach dem Stande vom 1. April 1900. 8. — **Würzburg.** Andr. Göbel, Verlagsbuchh.: Stengele, Geschichtliches über das Franziskaner-Minoriten-Kloster in Würzburg. 1900. 8. — **Zug.** Kantonale Industrieschule: Jahres-Bericht. 1899/1900. 8.

Tauschschriften.

Agram. Kroatische archäologische Gesellschaft: Vjesnik hrvoatskoga arheolŏskoga drŭstva. IV. 1899/1900. gr. 8. — **Amsterdam.** Koninklijk oudheidkundig Genootschaap: Jaarverslag 1875. 1889-93. 8 u. 4. — **Bamberg.** Kgl. Bibliothek: Katalog der Handschriften I. Bd., 1. Abt., 1. Lief. 1895 u. I. Bd., 2. Abt., 2. Lief. 1895. 8. — Historischer Verein: Berichte 47, 48, 56, 57, 58. 1884/85. 1894-97. 8. Als Beilage: Michael Pfister, Der Dom zu

Bamberg. 1896. 8. — **Basel.** Historische und Antiquarische Gesellschaft: Beiträge zur vaterländischen Geschichte N. F. V, 3. 1900. 8. — Jahresbericht 24. 1898/99. 8. — **Bayreuth.** Historischem Verein für Oberfranken: Archiv für Geschichte und Altertumskunde von Oberfranken. XXI, 1. 1899. 8. — **Berlin.** Kgl. Preußische Akademie der Wissenschaften: Sitzungsberichte I-XXII. 1900. 8. — Gesellschaft für Erdkunde: Verhandlungen XXVI, 5-6. XXVII, 2-3. 1899-1900. 8; Zeitschrift XXXIV, 2-6. 1899. 8. — Verein für Geschichte der Mark Brandenburg: Forschungen zur Brandenburgischen und Preußischen Geschichte. 13. Bd., 1. Hälfte. 1900. 8. — Vereinigung zur Erhaltung deutscher Burgen: Der Burgwart. Zeitschrift für Burgenkunde und das ganze mittelalterliche Befestigungswesen I, 1-9. 1899-1900. 4. — **Bourg-en-Bresse.** Société des sciences naturelles et d'archéologie: Bulletin Nr. 18. 1er Trimester 1900. 8. — **Breslau.** Verein für Geschichte und Alterthum Schlesiens: Zeitschrift des Vereins 34. Bd. 1900. 8.; Codex diplomaticus Silesiae 20. Bd. 1900. gr. 4. — **Brünn.** Deutscher Verein für die Geschichte Mährens und Schlesiens: Zeitschrift IV, 1-2. 1900. 8. — **Danzig.** Naturforschende Gesellschaft: Schriften der — N. F. 10. Bd. 1. Heft 1899. 8. — **Dillingen.** Historischer Verein: Jahrbuch XII. 1899. 8. — **Dresden.** Tiedge-Stiftung: Mitteilung. 1899. (1900). 2. — **Düsseldorf.** Geschichts-Verein: Beiträge zur Geschichte des Niederrheins. Jahrbuch. XIV. 1900. 8; Jahresbericht f. d. Vereinsjahr 1899. 1900. 8. — **Eisenberg.** Geschichts- u. Altertumsforschenden Verein: Mitteilungen. H. 15. 1900. 8. — **Erfurt.** Verein für die Geschichte und Altertumskunde von Erfurt: Mitteilungen. 21. Heft. 1900. 8. — **Erlangen.** Physikalisch-medizinische Societät: Sitzungsberichte. 31. Heft. 1899. (1900). 8. —

Frankfurt a. M. Mitteldeutscher
Kunstgewerbeverein: Jahresbericht für 1899. 2. —
Freiberg i. S. Altertumsverein: Mitteilungen. H. 35.
1898. 1899. 8. — **Freiburg i. Br.** Gesellschaft für
Beförderung der Geschichts-, Altertums- und
Volkskunde: Zeitschrift. VI. Bd., 2. Heft. 1884. 8.
Breisgauverein Schauin'sland: Schauinsland XXVI.
1899. 2. — **Freiburg i. Ue.** Deutscher
geschichtsforschender Verein des Kantons
Freiburg: Freiburger Geschichtsblätter 6. u. 7. Jhrg. 1900.
8. — **Gotha.** [pg 21] Friedrich Andreas Perthes,
Verlag: Deutsche Geschichtsblätter, hrsg. v. Dr. Armin
Tille. I. Bd. Heft 1-7. 1900. 8. — **Göttingen.** Kgl.
Gesellschaft der Wissenschaften: Nachrichten.
Phil.-histor. Kl. 1899. gr. 8. — **Hamburg.** Verein für
Hamburgische Geschichte u. Musealverein:
Gesamtregister üb. d. Veröffentlichungen 1839-1899.
Zusammengestellt von G. Kowalewski. 1900. 8. — **Harlem.**
La société hollandaise des sciences: Archives
Néerlandaises des sciences exactes et naturelles. Ser. II. Tom.
III., 1-4. 1899/1900. 8. — **Heidelberg.** Historisch-
philosophischer Verein: Neue Heidelberger
Jahrbücher. Jahrg. IX. Heft 2. 1900. 8. Schloßverein:
Bericht. 17. 1900. 2. — **Helsingsfors.** Finskt Museum:
Finskt Museum. Finska Fornminnes föreninges
Månadsblad. VI. 1899. 8. Finnische litterarische
Gesellschaft: Waronen, Vainajainpalvelus muinaisilla
suomalaisilla. 1898. 8. — **Hermannstadt.** Verein für
siebenbürgische Landeskunde: Archiv N. F. XXIX,
2. 1900. 8.; Jahresbericht 1898/99. 1900. 8. — **Homburg v. d.
H.** Verein für Geschichte u. Altertumskunde:
Mitteilungen 5. u. 6. Heft. — **Insterburg.**
Altertumsgesellschaft: Zeitschrift Heft 6. 1900. 8. —
Kahla. Verein für Geschichte u.
Altertumskunde: Mitteilungen V, 4. 1900. 8. —

Karlsruhe. Badische Historische Kommission: Zeitschrift für die Geschichte des Oberrheins. N. F. XV, 2. 1900. 8. — **Köln.** Kunstgewerbe-Verein: v. Falke, Führer durch das Kunstgewerbe-Museum der Stadt Köln. 1900. 8. 2 Exempl. — **Königsberg i. Pr.** Physikalisch-ökonomische Gesellschaft: Schriften 40. Jahrg. 1899. 4. Altertumsgesellschaft Prussia: Sitzungsberichte. 18.-21. H. 1893-1900. 8. — **Kopenhagen.** Kong. Danske Videnskabernes Selskab: Oversigt over det forhandlinger. 1899. Nr. 6; 1900. Nr. 1. 8. — **Krakau.** Kais. Akademie d. Wissensch. Scriptores rerum Polonicarum. XVII. 1899. 8. Dies.: Rozprawy akademii umiejetnósci. histor.-filoz. Ser. 2. Tom. XII-XIII. (37-38.) 1899. gr. 8. — **Kristiania.** Foreningen for Norsk Folkemuseum: Beretning. 1899. V. 1900. 8. — **Laibach.** Musealverein f. Krain: Mitteilungen X, 1-6. 1897. 8. — **Landshut a. I.** Histor. Verein f. Niederbayern: Verhandlungen. 32. Bd. 1896. 8. — **Leeuwarden.** Friesch Genootschap: Verslag der Handelingen 1898/99. Die vrije Fries. IV. 7., 1. deel, aflev. 4. — **Leipzig.** Kgl. Sächsische Gesellschaft d. Wissenschaften: Abhandlungen. Phil.-histor. Cl. XX, 1. 1900. gr. 8.; Berichte üb. die Verhandlungen. Phil.-histor. Cl. LII. Bd. 1900. I. II. 8. Verein f. d. Geschichte Leipzigs: Schriften VI. 1900. 8. B. G. Teubner, Buchhändl., Zentralstelle f. d. Programmentausch: 24 Schulprogramme verschiedenen Inhalts. 1899/1900. 4 u. 8. — **Lindau i. B.** Verein f. Geschichte des Bodensees u. seiner Umgebung: Schriften H. 28. 1899. gr. 8. — **Magdeburg.** Verein für Geschichte u. Altertumskunde d. Herzogtums u. Erzstifts: Geschichts-Blätter für Stadt u. Land Magdeburg. XXXIII, 1898. 1. u. 2. II. XXXIV, 1-2. 1899. 8. — **Mainz.** Verein zur Erforschung rheinischer Geschichte u. Altertümer: Zeitschrift Bd. IV. Heft 2 u. 3. 1900. 8. Als Beilage: Siegm. Salfeld, Der alte israelitische Friedhof in Mainz u. die hebräischen Inschriften des Mainzer Museums. 1900. 8. — **Meissen.** Verein f. Geschichte der Stadt Meissen: Mitteilungen V. Bd. 2. Heft. 1899. 8. — **Metz.** Gesellschaft für lothringische Geschichte u. Altertumskunde: Jahr-Buch 11. Jahrg. 1899. 4. — **München.** Akademie der Wissenschaften: Allgem. Deutsche Biographie. Lfg. 224-225. 1900. 8.; Sitzungberichte d. phil.-histor. Cl. 1899. II, 2. 1900. 8.; Sitzungsberichte der math.-phys. Cl. 1899. H. 3. 1900. 8. Bayerische Numismatische Gesellschaft: Mitteilungen XVIII. 1899; XIX, 1900. 1. H. 1900. 8. Herder & Co., Sortimentsbuchhandl.: Histor. Jahrbuch der Görres-Gesellschaft. XXI. Bd. 1. H. 1900. 8. — **Münster i. W.** Universität: Reitter, Der Glaube an die Fortdauer des römischen Reiches im Abendlande während des 5. u. 6. Jahrh. 1900. 8. Verein f. Geschichte u. Altertumskunde Westfalens: Zeitschr. 57. 1899. 8. — **St. Nicolas.** Cercle archéologique du pays de Waas: Annalen van den oudheidskundigen Kring van het land van Waas. 18. Teil, 4. Abt. 1900. 8. — **Nürnberg.** Bayerisches Gewerbemuseum: Jahresbericht. 1899. 4. — **Osnabrück.** Verein für Geschichte und Landeskunde: Mitteilungen XXIV. 1899. 1900. 8. — **Plauen i. V.** Altertumsverein: Mitteilungen XIII. 1897/99. 1900. 8.; v. Raab, Regesten zur Orts- u. Familiengeschichte des Vogtlandes. II. (1485-1563). 1898. 8. — **Posen.** Histor. Gesellschaft der Prov. Posen: Zeitschrift [pg 22] XIII, 3-4; IV, 1-4. 1898/99. 8.; Historische Monatsblätter f. d. Provinz Posen I, 1-3. 1900. 8. — **Rostock.** Verein für Rostocks Altertümer: Beiträge zur Geschichte d. Stadt Rostock. III, 1. 1900. 8. — **Salzburg.** Städtisches Museum Carolino-Augusteum: Jahresbericht 1897. 1898. 8. — **Santiago de Chile.** Deutscher Wissenschaftlicher Verein:

Verhandlungen IV, 1. 1899. 8. — **Stettin.** Gesellschaft f. Pommersche Gesch. u. Altertumskunde: Monatsblätter 1899. 1-12. 8.; Baltische Studien. N. F. III. 1899. 8.; Lemcke, Die Bau- und Kunstdenkmäler des Reg.-Bez. Stettin. I-III. 1898-1900. 8. — **Stockholm.** Nordisca Museet: Sagospelet på Skansen. Hösten. 1899. 8.; Hazelius, Arth., Minnen från Nordisca Museet. 5, 6, 7. o. J. qu. 2.; Ders., Bilder från Kansen 5-12. o. J. qu. 2. — **Strassburg i. E.** Gesellschaft f. Erhaltung der geschichtl. Denkmäler im Elsaß: Mitteilungen II. Folge. 20. Bd. 1. Lief. 1899. 8. — **Stuttgart.** Württemberg. Altertumsverein: Fundberichte aus Schwaben. VII. 1899. 1900. 8. — **Ulm.** Verein f. Kunst und Altertum: Ulm-Oberschwaben. Mitteilungen. H. 9. 1900. 4. — **Upsala.** Wilh. Lundström: Eranos. III, 4. IV. 1. 1899/1900. 8. Kgl. Universitätsbibliothek: Montelius, Oscar, Der Orient und Europa. Deutsche Übers, v. J. Mestorf. 1. Heft 1899. 8.; Urkunder Rörande Stockholms Historia I. o. J. 8. — **Utrecht.** Provinzial Utrechtsch Genootschap van Kunsten en Wettenschappen: Verslag van het verhandelde. 6. Juni 1899; Aanteekeningen. 6. Juni 1899. — **Venedig.** Reale instituto Veneto di scienze, lettere ed arti: Memorie. Vol. XXVI. Nr. 3-5. 1899. 2. — **Wien.** K. K. Heraldische Gesellschaft »Adler«: Jahrbuch. N. F. 9. 1899. gr. 8. K. K. Central-Kommission: Bericht 1899. 1900. 8. Wissenschaftlicher Club: Jahresbericht. 1899-1900. XXIV. 1900. 8. Gesellschaft für Geschichte des Protestantismus in Österreich: Jahrbuch XXI, 1/2. 1900. 8. Numismatische Gesellschaft: Numismatische Zeitschrift XXVI. 1894. (1895); XXXI. 2tes Sem. 1900. 8. Akademischer Verein Deutscher Historiker: Bericht über das IX. u. X. Vereinsjahr. 1900. 8. — **Würzburg.** Histor. Verein v. Unterfranken u. Aschaffenburg: Archiv XLI. Bd. 1899. 8.; Jahresbericht f.

1898. 1899. 8. — **Zürich.** Antiquarische Gesellschaft:
Mitteilung. 1899. (1900.) 2.

Ankäufe.

[**special chars in the last paragraph] Albr. v. Eyb, Ob
einem mann sey zenemen ein eclich weib oder nit.
Augsburg. Joh. Bämler. 1474. 2. — Pirkheimer, Priscorum
numismatum ad Nvrenbergensis monetae ualorem facta
aestimatio. 1533. 8. — Apianus (Petrus), et Barptholomeus
Amantius, Inscriptiones sacrosanctae vetustatis. 1534. 2. —
Haberer, Ein gar sch[**eo]ne Spyl von dem gl[**ea]ubigen
Vatter Abraham. 1592. 8. — Hotterus (Elias), Lectiones
evangeliorvm et epistolarvm anniversariae. 1601. 8. —
Theodori Bezae Vezelii Poemata varia. 1614. kl. 8. —
Uttenhofer, Caspar, Pes mechanicus oder Werckschuch
(1620). 4. Angebunden: J. Faulhaber, Newe geometrische u.
perspektivische inventiones. 1610. 4.; J. Faulhaber, Ein sehr
nützlicher new erfundener Gebrauch eines Niderländischen
Instruments. 1610. 4.; Keßler v. Wetzler, Kurzer ... Bericht:
wie der mathematischen Kunst Liebhaber ... das ...
Proportional Instrument ... richten soll. 1612. 4.; Keßler v.
Wetzler, Eygendtlicher Bericht vom Nutzen vnd Gebrauch
deß Proportional-Instruments. 1613. 4.; Pharamundus
Rhumelius, Instrumentum geometricum novum. 1620. 4.;
Pharamundus Rhumelius, Archimedis redivivi medicamenta
bellica. 1620. 4.; Tobias Volckmer d. J., tabvlae proportionvm
angvlorvm geometriae. 1617. 4.; Erasmus Reinhold, Vom
Feldtmessen. 1615. 4. — Modelbuch, Sch[**eo]n newes —
Von hundert vnd achtzig sch[**eo]nen kunstreichen und
gerechten M[**eo]deln. 1650. qu. 8. — Hasenkopff, Fragen
vnd Satzreden von der Haserei, o. J. (17. Jahrh.) 8. —
Emblemata auf die Sonntagsevangelien. (Titelblatt fehlt) ca.
1700. qu. 8. — Neu hervorkommendes Weber Kunst und

Bild Buch ... 1709. qu. 8. — (Helyot et Bullot), Histoire des ordres monastiques religieux et militaires. I. VIII. 1714-19. 4. — Niceron (Johan Peter), Nachrichten von den Begebenheiten und Schriften berühmter Gelehrten. 1758. 8. — Archiv der Spiele. 1819-21. I-III. 8. — Schiller u. Lübben, Mittelniederdeutsches Wörterbuch I-VI. 1875-81. 8.

[pg 23]

HISTORISCH-PHARMAZEUTISCHES ZENTRALMUSEUM.

Geschenke.

Augsburg. Apotheker Anton G ö tz e: Männlein aus einer Wurzel geschnitzt; zwei Bleitöpfe. — **Langenburg** (Baden). Oberpräzeptor B e c k h : Thesaurus Rei Herbariae Hortensisque etc. oder Allgemeines Blumen-Kräuter-Frucht- und Gartenbuch. Von Georg Wolfg. Knorr. Nürnberg, 1750. 2. 2 Bde. D. Casimir Christophorus Schmiedel, Jcones Plantarum et Analyses Partium; Manipulus III. Erlangen 1797. 2. — **Nürnberg.** Apotheker B ö h e i m : Kupferner Destillierapparat; 18.-19. Jahrh. — **Wismar.** Dr. C r a l l : Handapotheke; Ende des 18. Jahrh. Silberne Spritze mit zwei Canülen; 18. Jahrh.

DEUTSCHES HANDELSMUSEUM.

Geschenke.

Stuttgart. Konsumvereinsdirektor T h o m a n n : Büsch, Johann Georg, Darstellung der Handlung; 1799. 8. 2 Bde. Derselbe, Zusätze zur ... Darstellung der Handlung I./II. III. 1797-1800. 8. 2 Bde. Derselbe, sämtliche Schriften über Banken und Münzwesen; 1801. 8. Fichte, Joh. Gottl., Der geschlossene Handelstaat; 1801. 8.

VERWALTUNGSAUSSCHUSS.

Am 6. und 7. Juni fand die Jahresversammlung des Verwaltungsausschusses statt. Seitens der bayerischen Staatsregierung war Herr Ministerialrat Dr. von Wehner zu derselben abgeordnet worden. Von den Mitgliedern des Verwaltungsausschusses hatten sich eingefunden die Herren: Kommerzienrat von Grundherr aus Nürnberg, Geheimrat Dr. von Hefner-Alteneck aus München; Geheimrat, Professor Dr. Moritz Heyne aus Göttingen; Justizrat, Freiherr von Kreß aus Nürnberg; Kaufmann Lampson aus Berlin; Geheimrat Dr. von Laubmann, Direktor der kgl. Hof- und Staatsbibliothek in München; Professor Dr. Lichtwark, Direktor der Kunsthalle in Hamburg, Archivrat Dr. Mummenhoff aus Nürnberg; Geheimrat Dr. von Reber, Direktor der kgl. bayerischen Zentralgemäldegallerie in München; Professor Dr. Alwin Schultz aus Prag; Rittergutsbesitzer Freiherr von Tucher aus Nürnberg; Geheimrat Dr. Wagner aus Karlsruhe; Professor Wanderer aus Nürnberg. Außerdem wohnten der Versammlung die beiden Direktoren des Museums Gustav von Bezold und Hans Bösch bei.

In der Sitzung am 6. Juni berichtete Direktor von Bezold über die Entwickelung des Museums im abgelaufenen Jahre, Direktor Bösch über das Finanzwesen des Museums, Freiherr von Tucher und Freiherr von Kreß über die Rechnungen für 1899, Direktor Bösch über die Rechnung der Stiftung zur Erhaltung von Nürnberger Kunstwerken. Ein allgemeines Programm für das im Jahre 1902 stattfindende fünfzigjährige Jubiläum des Museums wurde aufgestellt und das Direktorium beauftragt, im Benehmen mit dem Lokalausschuß die nötigen Einleitungen zu treffen, so daß im nächsten Jahre die Einzelheiten genau festgestellt werden können.

Die nähere Prüfung der Verwaltung, der neuen Erwerbungen und der Neubauten, sowie des Projektes für den Umbau des Königsstiftungshauses wurde im Laufe des Nachmittags durch verschiedene Kommissionen vorgenommen.

Am 7. Juni berichteten die Kommissionen über ihre Wahrnehmungen. Sowohl die Verwaltung der Sammlungen und die Neuerwerbungen, als der günstige Stand des Finanzwesens fanden die Anerkennung der Berichterstatter, desgleichen der im Werk befindliche Neubau, dagegen wurde das von Direktor von Bezold vorgelegte Projekt für den Umbau des Königsstiftungshauses als zu weit gehend erachtet und eine Vereinfachung derselben beschlossen.

PERSONALIEN.

Am 1. März trat der Praktikant Dr. Alfred Hagelstange aus, um eine Stelle als Assistent am Städelschen Institut in Frankfurt a. M. anzutreten. Assistent Dr. Max [pg 24] Wingenroth verließ die Anstalt am 1. Mai und übernahm eine Stellung bei der Inventarisierung der Kunstdenkmäler des Großherzogtums Baden. Die Sekretariatsgeschäfte werden dem Assistenten Dr. Otto Lauffer übertragen, der von der Bibliothek an die Kunst- und Kulturgeschichtlichen Sammlungen versetzt wurde. An seine Stelle an der Bibliothek trat am 1. Juni als Praktikant Dr. Heinrich Heerwagen aus Nürnberg.

Erstürmung einer
  Minneburg.
  Elfenbeinrelief.
XIV. Jahrhundert.

* * * * *

Herausgegeben vom Direktorium des germanischen
Museums.

Abgeschlossen den 6. Juli 1900. Für die Schriftleitung
verantwortlich: Gustav von Bezold.

* * * * *

Gedruckt bei U.E. Sebald in Nürnberg.

1900. Nr. 3. Juli-September.
ANZEIGER
DES
GERMANISCHEN
NATIONALMUSEUMS.

CHRONIK DES GERMANISCHEN MUSEUMS.

NEU ANGEMELDETE JAHRESBEITRÄGE.

In München hat sich eine Anzahl Freunde des germanischen Museums zusammengethan und hat in einem besonderen Aufrufe ihre Mitbürger zur Unterstützung und Förderung der Bestrebungen des Museums aufgefordert. Der Aufruf war unterzeichnet von den Herren: Ad. v. Auer, Reichsrat. Konrad Barth, Vergolderwarenfabrikant und Gemeindebevollmächtigter. Wilh. v. Borscht, I. rechtskundiger Bürgermeister. Phil. v. Brunner, II. rechtskundiger Bürgermeister. Prof. Franz v. Defregger, Kunstmaler. Dr. Richard Graf Du Moulin, Professor. Heinrich Frauendorfer, kgl. Oberregierungsrat im kgl. Staatsministerium d. kgl. Hauses u. des Äußern. Generalkonservator Dr. Hugo Graf, Direktor des bayer. Nationalmuseums, Mitglied des Verwaltungsausschusses des germanischen Museums. Dr. Sigmund Günther, Professor. Geheimrat Dr. v. Hefner-Alteneck, Generalkonservator a.D., Mitglied d. Verwaltungsausschusses des german. Museums. Dr. K. Th. Heigel, Universitätsprofessor, Mitglied des Verwaltungsausschusses des german. Museums. Dr. Georg Hirth, Pfleger des german. Museums. Thomas Knorr, Verleger. Dr. K. Krumbacher, Universitätsprofessor. Geh. Rat Dr. G. v. Laubmann, Direktor der kgl. Hof- u.

Staatsbibliothek, Mitglied des Verwaltungsausschusses des german. Museums. Professor F r a n z v. L e n b a c h, Kunstmaler. Dr. E u g e n M e r z b a c h e r, Numismatiker. F e r d. v. M i l l e r, Direktor der Akademie der bildenden Künste. Dr. A l f r. P r i n g s h e i m, Universitätsprofessor. Geh. Rat Dr. F. v. R e b e r, Direktor d. kgl. Centralgemäldegallerie, Mitglied des Verwaltungsausschusses des german. Museums. Prof. Dr. H a n s R i g g a u e r, Direktor des kgl. Münzkabinets. Dr. W. S c h m i d t, Direktor des kgl. Kupferstichkabinets. Prof. A l b. S c h m i d t, Architekt. Kommerzienrat J o h. S e d l m a y r, Brauereibesitzer. Prof. G a b r i e l S e i d l, Architekt. Prof. R u d. S e i t z, Ehrenkonservator des bayer. Nationalmuseums. Kommerzienrat F r i e d r. S e y b o t h, Vorstand des Kollegiums der Gemeindebevollmächtigten. Prof. F r a n z S t u c k, Kunstmaler. K a r l T h i e m e, Direktor der Rückversicherungsgesellschaft. J u l i u s W ü n s c h, Präsident des kgl. Landgerichts München I.

Welch freundliche Aufnahme dieser Aufruf gefunden hat, zeigt die stattliche Reihe neuer Münchner Freunde des Museums, welche das nachfolgende Verzeichnis enthält.

Auch eine Anzahl S t a d t g e m e i n d e n, dann bayerische D i s t r i k t s r ä t e, die bisher unserer Sache ferne gestanden, haben auf Ansuchen erfreuliche Beiträge bewilligt.

Es wurden J a h r e s b e i t r ä g e bewilligt:

Von Stadtgemeinden: Auklam 15 m. (Weiterbewilligung.) **Dresden** (statt bisher 200 m.) 300 m. **Krefeld** 100 m. **Leer** 15 m. **Leobschütz** 5 m. **Limbach** 5 m. **Linden** 20 m. **Lippstadt** 10 m. **Lörrach** 10 m. **Malstatt-Burbach** 30 m. **Marienberg** in Westpr. 5 m. **Meiderich** 20 m. **Memel** 10 m. **Miltenberg** 5 m. **Mosbach** 10 m. **Münnerstadt** 3 m. **Nagold** 5 m. **Neustadt** i. Sachsen 6 m. **Neuteich** 5 m.

Von bayerischen Distriktsräten: Burghausen 15 m. Ebermannstadt 10 m. Greding 10 m. Hilpoltstein 10 m. Hollfeld 10 m. Ingolstatt 10 m. Kaiserslautern 50 m. Rosenheim 20 m. Sesslach 5 m. Weidenberg 9 m. Weissenhorn 15 m.

Von Vereinen, Korporationen etc.: Oppeln Philomathie (statt bisher 9 m.) 10 m.

[pg 26]
Von Privaten: Böhm. Leipa. Anton Michel, k. k. Bezirksrichter i. P. 2 Kr.; Rudolf Walde, Direktor, (statt bisher 1 Kr.) 2 Kr. Cadolzburg. Leitenbauer, Kameralpraktikant, 1 m.; Meier, k. Amtsrichter, 2 m.; Taubald, k. Notar, 2 m.; Wasser, k. Pfarrer in Seukendorf, 1 m. Cöln. J.R. Goeckl, Justizrat, 5 m. Lauff, Justizrat, 3 m. Cüstrin. Kurt Falckenberg, cand. med., 3 m. Emden. Wix, Regierungsbaumeister, 3 m. Frankenhausen. Fischer, Hilfsprediger, 2 m.; Hans Graef, Dr. med., 2 m.; Tarnagroczky, Apotheker, 2 m. Fürth. Franz Weiß, k. Reallehrer, 3 m. Germersheim. Euler, Vikar, 1 m. Göppingen. Kolb, Zeichnenlehrer, 2 m.; Dr. Richard Mauch, Apotheker, 5 m. Hamburg. Dr. Ritter 10 m.; Weber, Konsul, 20 m. Hannover. Jacques, Senator, 10 m.; Leonh. Körting, Direktor, 5 m.; Dr. Schuchhardt, Direktor, 10 m. Hohenstein-Er. H.H. Ebersbach, Musterzeichner, 3 m. Horb. Stiefenhofer, Oberamtmann, 2 m. Immenstadt. Max Hagenauer, Kaufmann, (statt bisher 1 m. 71 pf.) 2 m.; Ignaz Haggenmüller, Justizrat, (statt bisher 1 m. 71 pf.) 2 m.; Joh. Bapt. Hamann, Buchdruckereibesitzer, 2 m.; Franz Josef Herz, Ökonomierat, (statt bisher 1 m. 71 pf.) 2 m. Kassel. Fontane, Intendant des XI. Armeekorps, 2 m.; Dr. jur. von Joeden-Koniecpolski, Regierungsassessor, 3 m.; Müller, Oberregierungsrat, 3m.; Stiehl, Landesbaurat, 3 m.; Vagedes, Geh. Oberfinanzrat u. Provinzialsteuerdirektor, 3 m.

Kopenhagen. Dr. Waldemar Schmidt, Professor a. d. kgl. Universität, 10 m. **Lauterbach.** Seelgen, Postmeister, 3 m.; Wallau, Kreisrat, 3 m.; M. Wenzel, Fabrikant, 3 m.; Werner, Kreisamtmann, 3 m. **Leipzig.** Dr. Dietrich Bender 5 m.; Ernst Tenner, Lehrer d. II. Realschule, 10 m. **Leitmeritz.** Fritz Schaller, Verwalter, in Tschernosek 2 Kr. **Lichtenfels.** G. Meister 2 m. **Maihingen.** Brehm, Pfarrer, in Marktoffingen 1 m.; Fritz Haas, Hofapotheker, in Wallerstein 1 m. 50 pf.; Leopold, fürstl. Baubeamter, in Wallerstein 1 m. **Meissen.** Louis Walther Schultz 3 m. **München.** P. Adelung, kgl. Baurat, 2 m.; Josef Adler 3 m.; Professor Dr. von Angerer, 5 m.; Dr. Bernhard Arnold, k. Oberstudienrat, Rektor am Wilh.-Gymnasium, 20 m.; von Auer, Reichsrat, 20 m.; Dr. Josef Bach, Professor, 15 m.; Dr. A. von Bechmann, Reichsrat u. Universtätsprofessor, 10 m.; Max Graf von Berchem, kais. Wirkl. Geheimer Rat, 20 m.; Johann Graf von Bernstorff, kgl. preuß. Legationsrat, 20 m.; Julius Böhler, Hofantiquar Sr. Maj. des Kaisers und Königs, 20 m.; Wilh. Böhler 10 m.; Dr. J. Brandl, k.o. Professor, 10 m.; Dr. Bratsch, Generalarzt a.D., 10 m.; Dr. C. Brendel, 3 m.; F. Bruckmann, Direktor der Verlagsanstalt »F. Bruckmann, A.-G.«, 20 m.; H. Buchner, Professor, 5 m.; Max Buchner, Apotheker, 10 m.; Ernst von Büller, k. Generalmajor z.D., 10 m.; Ludwig von Buerkel, Ministerialdirektor a.D., 20 m.; Paul Büsching, Redakteur d. »M.N.N.«, 3 m.; Josef Christoph, Zigarrenhändler, 2 m.; A. Diringer, Kostümfabr., Hoflieferant, 10 m.; A.S. Drey, k. Hoflieferant, 10 m.; Joh. Droßbach, Kommerzienrat, 3 m.; Ernst Duckstein 2 m.; Fr. Eckart, k. Kommerzienrat, Fabrikant, 10 m.; Dr. Corb. Ettmayr, k. Geh. Rat u. Stadtpfarrer, 10 m.; Georg Feichtinger, Leutnant d. Reserve, 5 m.; Friedr. Fischer, Tapetenfabrikant, k. bay. Hoflieferant, 6 m.; E.A. Fleischmann, Hofkunsthandlung, 10 m.; Julius Freundlich 20 m.; Robert M. Friese, Professor, 5 m.; Ludwig Fritsch, Buchhändler, 5 m.; Otto Fritzsche, k.b.

Hofmöbelfabrikant, 10 m.; Dr. A. Furtwängler, kgl. Universitätsprofessor, 2 m.; Georg Gerdeißen, Kaufmann, 10 m.; Franz Girstenbräu, k. geistl. Rat, Professor, 3 m.; Viktor Gluth, Professor, Kapellmeister, 10 m.; J. Gotthelf, Justizrat, 5 m.; Johannes Greiner Präzissions-Glasinstrumentenfabrikant, 3 m.; Eduard Grützner, Professor, 20 m.; Dr. Sigmund Günther 5 m.; Dr. Robert Hartig, Univ.-Professor, 10 m.; Carl Haushalter, Verlagsbuchhandlung, 2 m.; Miß Irauces H. Heerth 3 m.; Hertwig, Professor, 5 m.; Heinrich Höch, Realitätenbesitzer, 20 m.; Dr. Carl v. Jacubezky, Senatspräsident am Obersten Landesgericht, 10 m.; Keller, Generalleutenant, Excellenz, 5 m.; Theodor Klopfer 50 m.; Klöpfer u. Königer 10 m.; Dr. Joseph Koegel, k. geistl. Rat, Hofstiftskanonikus u. k. Professor, 3 m.; G. Kohlermann, Gutsbesitzer, 10 m.; Hans Kriner, Architekt, 10 m.; Prof. Dr. F.v. Lenbach 50 m.; Jos. Leuchs, Hofbankier, 6 m.; Heinrich Lorentz, kgl. Baurat, 3 m.; Leopold Macholl 10 m.; Paul Ritter von Maffei 5 m.; Gebr. Marx, Bankgeschäft, 5 m.; Maxon, Oberbaudirektor, 5 m.; Dr. Messerer, Professor, Medizinalrat, 3 m.; Rud. Otto Meyer 10 m.; Friedr. Mildner, Brauereidirektor, 6 m.; Münchener Industriebank 15 m.; Leopold Neumeyer 5 m.; Emil Neustätter & Co., Münzenhandlung, 10 m.; Dr. Eugen Oberhummer, Univ.-Professor, 5 m.; Adolf Oberdörffer, Privatier, 10 m.; R. Ritter von Oldenbourg, Kommerzienrat, [pg 27] ital. Generalkonsul, (statt bisher 6 m.) 10 m.; R. Oldenbourg, Buchdruckerei, 10 m.; Louis Ortlieb 5 m.; Hermann Paul, Professor, 5 m.; Eduard Pohl, Verlagsbuchhändler u. k. Handelsrichter, 3 m.; Wilhelm Freih. von Pechmann, Direktor der bayr. Handelsbank u. k. Griech. Generalkonsul, 20 m.; Hans von Pfister 5 m.; Emil Ritter von Possart, Professor, Hoftheater-Intendant, 10 m.; Dr. S. Graf von Pückler-Limpurg, Hilfsarbeiter am Kupferstichkabinet, 10 m.; Anton Rath, Juwelier, 6 m.; Dr. Berthold Riehl, Professor, 5 m.; Dr. Hans Riggauer,

Professor, 6 m.; Franz Röder, k. Oberlandesgerichtsrat, 2 m.; von Sauer, General der Artillerie z.D., Exzellenz, 10 m.; Otto Schaller, Direktor, 3 m.; Ferdinand Schimon, 3 m.; Dr. Schloesser, Professor, 10 m.; Gabriel Seidl, k. Professor, Architekt, (statt bisher 3 m.) 10 m.; Carl Seiler, Professor, Kunstmaler, 10 m.; Friedrich Seyboth 5 m.; Dr. Gg. Sittmann, Privatdozent, 10 m.; Sussmann-Hellborn, Leut. d. Reserve, 5 m.; Dr. Arthur Weese, Univ.-Dozent f. neuere Kunstgeschichte, in Neu-Pasing 10 m.; Theod. Waitzfelder 5 m.; Dr. von Wehner, Ministerialrat, 5 m.; Hermann Weiffenbach, Fabrikant, 10 m.; Hans Welzel, Direktor, 3 m.; Winhart & Co. 5 m.; Freiherr von Wolffskeel, 10 m.; Friedrich Ritter von Wolff, Generalmajor z.D., 10 m.; Josef Wopfner, k. Professor, Kunstmaler, 10 m. **Neustadt a. H.** Emil Abresch, 2 m.; Luis Fitz 2 m.; Dr. Möslinger, (statt bisher 3 m) 5 m.; O. Sibachmayer 3 m. **Nürnberg.** Nathan Felheim 3 m.; S. Fleissig, Kaufmann, 3 m.; Fritz Günzler, k. Turnlehrer, 3 m.; A. Herrmann 3 m.; Jakob Kaufmann, Kaufmann, 2 m.; Sofie Landmann, Privatière, 3 m.; Dr. Lauer, Apothekenbesitzer, 3 m.; Dr. Ledermann, Reallehrer, 2 m.; Ernst Lenz, Erzgießer, Inh. der Fa. Ch. Lenz, 2 m. 60 pf.; W. Schmid, Kaufmann, 3 m. **Osnabrück.** Herrmann Gosling, Kaufmann, 3 m.; Dr. Ernst Meyer, Buchdruckereibesitzer, 3 m.; Gottfr. Schütze, Rentier, 3 m.; Dr. Voss, Bischof, 3 m. **Pforzheim.** Bissinger, Gymnasiumsdirektor, 5 m.; Rob. Gerwig, Privatier, 3 m. **Scheinfeld.** Frz. Karg, k. Amtsrichter, 2 m. **St. Augustine.** Jonas Cor. Hraitl 3 m.; Miß Helen B. Maible 3 m. **Strassburg i. E.** William L. Raub 3 m. **Trier.** von Baumer, Hauptmann, 3 m. **Tuttlingen.** Glökler, Oberreallehrer, 2 m.; Hauser, Reallehrer, 2 m.; Knaibl, Zeichnenlehrer, 2 m.; Pflieger, Amtmann, 2 m.; Schmidgall, Finanzamtmann, 2 m. **Überlingen.** Hermann Levinger, Amtmann, 3 m.; Otto von Seeger, Oberamtmann, 3 m. **Wien.** G.A. Scheid, k.k. Kommerzialrat, 12 Kr. **Zwickau.** Dr. Bach, Assessor, 3 m.

EINMALIGE GELDGESCHENKE.

Erlangen. W. Kliche, Studiosus, 3 m. **Freiburg i. Br.** O. Frhr. von Stockhorn 60 m. **Lengenfeld i.V.** Stadtgemeinde 10 m. **München.** Gabriel Hackl, Professor und Kunstmaler, 10 m.; Frhr. von Laßberg, k. Hauptmann, 10 m. **Ulm a. D.** Carl Bauer, Architekt 3 m. **Warschau.** J. Muszynski 2 m.

ZUWACHS DER SAMMLUNGEN.

KUNST- UND KULTURGESCHICHTLICHE SAMMLUNGEN.

Geschenke.

Se. Kgl. Hoheit der Erbgroßherzog von Luxemburg hatte die große Gnade, dem German. Museum fünf wertvolle Medaillen, welche auf die Geschichte des Hauses Nassau-Oranien Bezug haben, huldvollst als Geschenk zu überlassen. Es sind die folgenden Stücke: Goldene Medaille auf die Aufhebung der Leibeigenschaft durch Herzog Friedrich I. und Fürst Friedrich Wilhelm von Nassau 1812. Silbermedaille auf die Fürstin Caroline von Nassau von G. Holtzhey; 1765. Desgl. auf Carl August von Nassau-Weilburg; o. J. Desgl. auf denselben; 1782. Desgl. von A. Schaeffer 1782. — **Dresden.** Dr. P. Michaelis: Brautkrönchen aus grün übersponnenem Filigran; um 1770. In runder Schachtel mit Strohverzierung. Aus Wolmirstedt bei Magdeburg. — **Hersbruck.** Buchdruckereibesitzer K. Pfeiffer: Hölzerner Winkelhaken. Hölzernes Setzschiff. — **München.** Hofantiquar J. Böhler: Kindermützchen; 18. Jahrhundert. — **Nürnberg.** Blattmetallfabrik Carl Reich: Aichpfahlhaube aus Bronze mit dem Nürnberger Wappen aus dem Jahre 1555. Gefunden in einem Wasserwerk zu Hersbruck. Dachdecker August Schönau: Zwei Dachziegel mit eingeschnittenen Verzierungen; 17.-18.

Jahrh. Hofbuchdruckereibesitzer[pg 28] Dietz: Zwei Exemplare in Bronze der Medaille der Nürnberger Buchdrucker zur 500jährigen Gutenbergfeier von Lauer. Frl. Sophie Füchtbauer: Puppenküche; 1. Hälfte des 19. Jahrhts. Fr. Held: Kupferner Bureauleuchter. Vier Löschhörner. Dachdecker Haussen: Verzierter Dachziegel von 1736.

Ankäufe.

Vorgeschichtliche Altertümer: Zwei Bronzearmringe, zwei Bronzeradnadeln (eine zerbrochen), eine Bronzenadel, ein eisernes Messer. Gefunden bei Wurgau in Oberfranken. Eine größere Sammlung prähistorischer Fundstücke aus Stein, Knochen, Holz etc. vom Schweizersbild bei Schaffhausen.

Figürliche Plastik: Der heil. Georg; bemalte und vergoldete Holzfigur; 14.-15. Jahrh. Gipsabgüsse einer Passionsgruppe (Kreuzwegstation) in 4 Teilen; das Original aus dem 15. Jahrh. ist im Besitz des Kreisrichters Conradty in Miltenberg.

Grabdenkmale: Bronzeepitaph des Pfarrers Michael Schober von Mainbernheim († 1657); vermutlich Nürnberger Arbeit.

Medaillen: Silbermedaille auf Otto Truchseß von Waldburg, Bischof von Augsburg. Silbermedaille auf die Vereinigung der Hohenloher Linien Langenburg, Ingelfingen und Kirchberg; 1741. Desgl. auf Markgräfin Friederika Carolina von Brandenburg, geb. Prinzessin von Sachsen-Coburg; 1760.

Gemälde: Gemälde auf Leinwand in Leimfarben: Moses

schlägt Wasser aus dem Felsen von Lucas von Leyden, 1526.
Porträt einer Fürstin von Thurn-Taxis; Öl auf Lwd.; Verstl
pinxit 1831.

Wissenschaftliche Instrumente: Sonnenuhr in
Holzkapsel; 18. Jahrhdt.

Technische Instrumente und Werkzeuge:
Zimmermannsmaßstab als Stock eingerichtet; mit
Einlegearbeit; 1768. Modell einer Buchdruckerpresse.

Denkmäler des Staats- und Rechtslebens:
Eiserne Schandmaske; 17.-18. Jahrhundert.

Kriegswesen und Waffen: Gewehrfutteral aus Leder;
18. Jahrh.

Kirchliches Leben: Zwölf Stück auf Holz gemalte
Votivtafeln; aus einer Wallfahrtskirche stammend; 1694-1713.

Münzen: Vierfacher Thaler des Kurfürsten Johann Georg
II. von Sachsen; 1663. Regensburger Thaler; 1641. Thaler des
Administrators Xaver von Polen und Sachsen; 1764.
Konventionsthaler König Ludwig I. von Bayern auf den
Michaelsorden; 1837.

Hausgeräte: Gotische Puppenwiege; 16. Jahrh. Gravierter
Zinnkrug; 18. Jahrh.; aus Schleswig. Mangelbrett nebst
Rolle; rotlackiert und vergoldet; 1824.

Tracht und Schmuck: Damenjacke mit Spitzenkragen;
aus Nordschleswig; 19. Jahrhundert.

Bäuerliche Altertümer: Marburger Kanne aus
gebranntem, buntglasiertem Thon. Bauernstuhl;
niedersächsisch; aus Wilster. Thranlampe aus Messing
(Krüsel). Geschnitztes Ofenheck; aus Wilter; 18. Jahrh.

KUPFERSTICHKABINET.

Geschenke.

Brighthurst (Orange, New Jersey U.S.A.). Mrs. John Crosby Brown: Sechs Photographien von Schränken mit Musikinstrumenten im Metropolitan-Museum zu New-York. — **Düsseldorf.** Dr. jur. Hans H. Ewers, Schriftsteller: Exlibris des Hrn. Geschenkgebers, gez. v. John Jack Vrieslander in Düsseldorf. — **Freiburg i. Br.** Professor Dr. F. Wibel: Fünf Flugblätter der ersten Hälfte des 19. Jahrhdts. — **Hall** (Schwaben). Konr. Schauffele, Konditor: Flugblätter von 1791 u. 1818. Deutschlands Hoffnung, kolor. Kupferst. aus dem Verlage von Fr. Campe in Nürnberg. Fünf religiöse, etc. Darstellungen, kolor. Kupferstiche aus dem Verlage von Riedel in Nürnberg; ca. 1820. — **Hamburg.** Jakob Nordheim, Großhändler: »Das von denen Männern von allen Nationen zerstöhrte und zerbrochene Weiber-Parlament.« Kupferstich mit Text in Typendruck; ca. 1700. »Neu erfundene Chronologische Spiel-Tafel zur Erlernung der Universal-Historia«. 1719. Kupferst. v. Andreas Geyer in Regensburg. »Neu-erfundene Historisch-chronologische[pg 29] Spiel-Tafel zu Erlernung der Teutschen Reichs-Historie«. Authore Joh. Balth. Springero«. Kupferstich v. Andreas Geyer in Regensburg. 1720. — **München.** Louis Graf: Drei Exlibris des Hrn. Geschenkgebers. — **Nürnberg.** E. Goldschmidt Sohn: Kundschaftsbriefe für zwei Webergesellen d. d. Fürth den 30. Januar 1745 u. Neuhof d. d. 25. Febr. 1755. Lehmann

Held: Porträt des Moses, enthält das fünfte Buch Mosis in kleiner (hebräischer) Schrift, geschrieben von Hilel Bravermann. Lithographie; 19. Jahrh. Carl Schrag, k. u. k. österr.-ungar. Konsul: Neujahrswunsch des P. C. Geißler in Nürnberg; 1834. Karte der Umgebung Münchens. Lithographie; ca. 1830. Militairisches Würfelspiel. Lithographie; ca. 1820. Vier Gratulationskarten; ca. 1810-1830. — **Paris.** Fräulein Valerie Brettauer: Zwei neuere Exlibris. — **Prag.** Dr. Alwin Schultz, Professor a. d. deutschen Universität: Größere Sammlung neuerer Portraits und anderer aus Zeitungen des letzten Jahrzehnts ausgeschnittener Darstellungen. Eine Anzahl Stahlstiche, vorzüglich Portraits, aus Modezeitungen der fünfziger Jahre. — **Reichenberg.** Dr. Rudolf Neumann: Exlibris des Hrn. Geschenkgebers. — **Spiegelberg bei Topper.** Fedor von Zobeltitz: Sechs Exlibris des Hrn. Geschenkgebers. — **Strassburg.** R. Forrer, Antiquar: "The Brewer". Englischer Holzschnitt; ca. 1820-30. — **Stuttgart.** Hofrat Dr. August De Ahna: Exlibris des Hrn. Geschenkgebers. — **Weiden.** Christian Aichinger, Rentner: Silhouette des Georg Ulrich Frieser in Nürnberg mit gedrucktem Begleitbrief; 1800.

Ankäufe.

Miniaturen: Christus als Weltenrichter u. kniender Heiliger in felsiger Landschaft; zwei Bll. Nürnberger Arbeit. 1. Hälfte des 15. Jahrhdts. Pergament.

Lithographien: Zwölf Schweizer Kostümblätter. Lithographien von A. Falger nach M. Egli. Sieben desgl. Blätter. Drei Bll. Ansichten der Städte Ansbach, Landshut u. München; kolor. Lithographien von G. Kraus.

Stadtpläne u. Prospekte: Ansicht von Nürnberg. Kupferstich von F. Valegio; ca. 1590. Grund- u. Abris von Kraftshof. Federzeichnung von Hans Bien; 1629.

Spielkarten: Drei Kartenspiele, gefertigt zu Leipzig; ca. 1810-20.

ARCHIV.

Geschenke.

Isny. Carl Pfeilsticker, Kaufmann: Ein Fascikel Personalakten und Privatrechnungen aus Isny und Biberach, 1824-1843. Pap. — **Ludwigshafen.** Theodor Walter: Nürnberger Gerichtsbrief über den Verkauf von 3 Pfund Heller Ewiggelds auf Markarts von der Weyden Hause am Kornmarkt durch Herrn Paulus Kupfermann, Vikarier zum Neuen Spital, an Hermann Haym. 1422 Febr. 5. Orig. Perg. Kaufbrief des Schwarzfärbers Georg Hagenawer zu Nürnberg für Martin Krell den Deckweber über die Eigenschaft ihrer Behausung und Hofrayt am Kornmarkt nebst einem jährlichen Eigenzins von 18 Gulden Rheinisch um 360 Gulden. 1536 Nov. 10. Orig. Perg. Siegel.

Ankäufe:

24 Originalschreiben des Herzogs und Kurfürsten Maximilian I. von Bayern, nämlich: 17 Schreiben an die Stände des Erzherzogtums Östreich ob der Enns wegen Kriegsrüstungen und Kriegskosten, 1620-1634; 1 Schreiben an Bischof Johann Christoph zu Eichstädt, den Mansfelder betreffend, 1621 Sept. 27; 4 Schreiben an die Königin Maria zu Ungarn und Böhmen, enthaltend die Anzeige vom Tode

der Gemahlin des Kurfürsten, Neujahrswünsche, Empfehlungen von Persönlichkeiten, 1633-1634; 1 Schreiben an den Kaiser Ferdinand II., enthaltend ein Gesuch um mauth- und zollfreie Einführung von 3000 Muth Korn und 1000 Muth Waizen aus Östreich in Bayern, 1633 Aug. 30; 1 Schreiben an die Kaiserin, den Tod Kaiser Ferdinands II. betreffend, 1637 Febr. 23.

BIBLIOTHEK.

Geschenke.

Aachen. Handelskammer: Jahresbericht f. 1899, 1900. 8. — **Altona.** Handelskammer: Jahresbericht f. d. J. 1899. II. Teil. 1900. 8. — **Bamberg. Kgl. altes Gymnasium:** [pg 30] Jahresbericht 1899/1900. 1900. 8. Nebst Programm: Moroff, Die Schul-Algebra als niederste Analysis. 1900. 8. Kgl. neues Gymnasium: Jahresbericht 1899/1900. 1900. 8. Nebst Programm: Schmitt, Zwei noch unbenutzte Handschriften des Joannes Scotus Erigena. 1900. 8. (Zwei Ex.) — **Berlin. Kgl. Akademie der Künste:** Chronik 1898/99. 1900. 8. Geh. Regierungsrat Dr. **Adolf Bastian:** Ders., Lose Blätter aus Indien. I. II. 1897. 8. **Bureau des Wasserausschusses:** Keller, Memel-, Pregel- u. Weichselstrom, ihre Stromgebiete und ihre wichtigsten Nebenflüsse I-IV. 1899. 8. Mit »Tabellenband« 1899. gr. 8 u. 46 Kartenbeilagen in Mappe. 1899. gr. 4. **General-Verwaltung der Kgl. Bibliothek:** Festschrift zur Gutenbergfeier, enthaltend »Untersuchungen zur Geschichte des ersten Buchdrucks von Dr. Paul Schwenke«. 1900. 8. **Generalverwaltung der kgl. Museen:** Führer durch die Sammlung des Kunstgewerbe-Museums. 12. Aufl. 1900. 8. **Kaufmannschaft:** Bericht über Handel und Industrie von Berlin. 1899. II. 1900. gr. 8. **Kriegsministerium:** Deutsche Heeres-Uniformen auf der Weltausstellung in Paris 1900. 8. Dr. **Wilhelm Frhr. von Landau:** Ders.: Beiträge zur Altertumskunde des

Orients. II. Die phönicischen Inschriften. 1899. 8. Minister der öffentlichen Arbeiten: Präcisions-Nivellement des Mains von Kahl bis zur Mündung. 1900. 4. Präcisions-Nivellement der Weser. 1900. 4. Zeitschrift für Bauwesen. H. VII-IX. 1900. 2 mit Atlas. 1900. 2. Kaiserl. Normal-Aichungs-Kommission: Denkschrift 1882/1900. 1900. 8. Wissenschaftliche Abhandlungen. II. H. 1900. 2. Genossenschaft »Pan«: Pan 1899 (V.) H. 4. 2. Senat der kgl. Akademie der Künste: Gemälde u. Zeichnungen von Paul Meyerheim. 1900. 8. H. Thiel: Ders., Die deutsche Landwirtschaft auf der Weltausstellung in Paris. 1900. 8. Verwaltung der städtischen Volksbibliotheken und Lesehallen: Buchholtz, Die Volksbibliotheken und Lesehallen der Stadt Berlin 1850-1900. Festschrift. 1900. 4. Weidmann'sche Buchhandl.: Achelis, Die Martyrologien, ihre Geschichte u. ihr Wert. 1900. 4. Müllenhoff, Deutsche Altertumskunde. IV, 1 u. 2. 1898-1900. 8. Er. Schmidt, Lessing. Geschichte seines Lebens u. seiner Schriften I. II. 2. Aufl. 1899. 8. Seeck, Die charakteristischen Unterschiede der Brüder van Eyck. 1899. 4. Suphan, Allerlei Zierliches von der alten Excellenz. 1900. 8. — **Bielefeld.** Velhagen & Klasing, Verlagsbuchh.: Holm, Lübeck, Die Freie u. Hanse-Stadt. 1900. 8. Meisner u. Luther, Die Erfindung der Buchdruckerkunst. 1900. 8. Steindorff, Die Blütezeit des Pharaonenreichs. 1900. 8. — **Braunsberg.** Handelskammer: Jahresbericht f. d. J. 1899. 1900. 8. — **Breslau.** Handelskammer: Jahresbericht f. d. J. 1899. 1900. 8. — **Bromberg.** Handelskammer: Jahresbericht f. 1899. 1900. gr. 8. — **Brünn.** Verein »Deutsches Haus«: Blätter vom Deutschen Hause Nr. 3-9. 1891-95. 8. Nr. 13. 1900. 8.; Die Chronik der Landeshauptstadt Brünn. II. 1. 2/3, III, IV. — 1897. 8. Trautenberger, Festschrift zur Eröffnung des Deutschen Hauses. 1891. 8. Vorträge, gehalten im Mähr. Gewerbe-Museum, betr. die Ausschmückung des zu erbauenden

Deutschen Hauses in Brünn. 1887. 4. — **Budweis.** Städtisches Museum: Bericht des Verwaltungs-Ausschusses des Museums-Vereines f. d. Jahre 1898 u. 1899. 1900. 8. K. K. deutsches Staats-Gymnasium: Programm 1899/1900, enth.: Schmidtmayer, Ein lateinisches Preisgedicht (Ekloge) auf die Hauptstadt Prag. (1900.) 8. — **Bunzlau i. Schl.** Direktor der keramischen Fachschule Dr. W. Pukall: Ders., Mittheilungen über die Thätigkeit der keramischen Fachschule. 1. Nov. 1897 bis z. 1. April 1900. 8. — **Cassel.** Handelskammer: Jahresbericht f. 1899. 1900. 8. — **Chicago.** The John Crerar Library: Annual Report 1899 (1900). 8. — **Cincinnati.** Museum Association: Annual Report 1899. 1900. 8. — **Coblenz.** Handelskammer: Jahresbericht 1899. II. T. 1900. 2. — **Cottbus.** Handelskammer: Jahresbericht pro 1899. 8. — **Danzig.** Vorsteher-Amt der Kaufmannschaft: Jahresbericht. 1899. 1900. gr. 8. — **Darmstadt.** Großh. Centralstelle f. d. Gewerbe: Die finanzielle Lage der gewerblichen Unterrichtsanstalten. 1900. gr. 8. — **Dessau.** F. W. Schubart: Ders., Hathuwi, die erste Äbtissin der Frauenabtei S. Ciriaci zu Gernrode nebst einem Anhang Gernröder Inschriften u. Denksteine. 1900. 8. — **Donauwörth.** J. Traber, Bibliothekar am Cassianeum: Ders., Das Cassianeum in Donauwörth, Festschrift z. 25-jähr. Jubiläum seines Bestehens. 1900. 8. — **Dresden.** Ratsarchivar Dr. Otto Richter: Atlas zur Geschichte Dresdens. 1898. gr. qu. 2 mit Beiheft: Abriß der geschichtlichen Ortskunde von Dresden 1898. 8. Direktion des Statistischen [pg 31] Bureaus des königl. sächs. Ministeriums des Innern: Kalender u. Statistisches Jahrbuch f. d. Kgr. Sachsen auf d. J. 1901. 1900. 8. — **Drosendorf.** Franz Kießling: Ders., Das deutsche Fest der Sommersonnen-Wende. 1900. 8. — **Duisburg.** Handelskammer: Jahres- u. Verwaltungsbericht üb. d. J. 1899. I. II. 1900. 8. —

Düsseldorf. Handelskammer: Bericht über d. J. 1899. II. 1900. 8. — **Eger.** Communal-Realschule: Jahresbericht 1899-1900. Mit Programm: Mayer, Kaiser Titus. 1900. 8. — **Erfurt.** Handelskammer: Jahresbericht 1899. 1900. 8. — **Essen.** Handelskammer: Jahresbericht 1899. T. II. 1900. gr. 8. — **Eupen.** Handelskammer: Jahresbericht f. 1899. gr. 8. — **Flensburg.** Handelskammer: Jahresbericht f. 1899. 1900 8. — **Frankfurt a. M.** Dr. jur. Alexander Dietz: Ders., Das Intelligenz-Blatt. Frankfurter Frag- u. Anzeigungs-Nachrichten. 1722-1900. 1900. 8. Dr. Alfred Hagelstange: Grupp, Maihinger Brigittinerinnen aus Nürnberg. S.-A. 1898. 8.; Herold, Friedrich August Clemens Werthes und die deutschen Zriny-Dramen. 1898. 8.; Holthausen, Altsächsisches Elementarbuch. 1899. 8.; Klenz, Die Quellen von Joachim Rachel's erster Satire: »Das poetische Frauenzimmer oder böse Sieben«. 1899. 8.; Michels, Mittelhochdeutsches Elementarbuch. 1900. 8.; Seemüller, Studien zu d. Ursprüngen der altdeutschen Historiographie. 1898. 8.; Trautmann, Kynewulf der Bischof u. Dichter. 1898. 8. Klimsch & Co.: Allg. Anzeiger f. Druckereien. 27. Jahrg., Nr. 25. — **Frauenfeld.** J. Huber's Verlag: Schweizerisches Idiotikon XLI. H. (1900.) 8. — **Freiburg i. Br.** Herder'sche Verlagsbuchhandl.: H. Grisar, Geschichte Roms u. der Päpste im Mittelalter. 10. Lief. 1900. 8.; Alban Stolz, Kleinigkeiten. 1900. 8. Prof. Dr. F. Wibel: Der Stein der Weisen oder Fest-Programm für das weise Schaltjahr 1836. (Köln 1836.) 8. — **Fürth i. B.** Georg Rosenberg, Buch- u. Musikalienhandl.: Wüstendörfer, Wanderungen d. Fürth. 1898. 8. — **Gablonz a. N.** Kaiser Franz Josef-Real-Gymnasium: Jahres-Bericht 1899/1900. 1900. 8. (Lössl , Das Verhältnis des Pamphilus Gengenbach u. Niklaus Manuel zum älteren deutschen Fastnachtspiel.) — **St. Gallen.** Industrie- und Gewerbemuseum: Bericht 1899-1900. 1900. 4. — **Geestemünde.** Handelskammer: Jahresbericht f. 1899.

1900. 8. — **Genf.** C.-M. B r i q u e t : Ders.: Notice sur le recueil de filigranes ou marques des papiers. 1900. 8. — **Gotha.** L e b e n s v e r s i c h e r u n g s b a n k   f ü r D e u t s c h l a n d : 71. Rechenschaftsbericht f. d, J. 1899. gr. 8. — **Göttingen.** H a n d e l s k a m m e r : Jahresbericht f. d. J. 1899. 1900. 8. — **Grimmitschau.** S t a d t r a t : Rechnungsübersichten der Stadt Grimmitschau 1897 u. 1898. 4. — **Halberstadt.** H a n d e l s k a m m e r : Jahresbericht f. 1899. 1900. 8., mit Beiheft: Frhr. v. Boenigk, Die Unlauterkeit im Ausstellungswesen (1900). 8. — **Halle a. S.** H a n d e l s k a m m e r : Jahresbericht 1899. 1900. 2. M a x N i e m e y e r , Verlagsbuchh.: Schriften des Vereins f. Reformationsgeschichte XVI., 3. 4.; XII. 1899. 1900. 8.; Schriften für das deutsche Volk XXXIV, XXXV. 1899/1900. 8. — **Hanau.** G e s c h i c h t s v e r e i n : Jahresbericht 1898/99. 1899. 8., (enth.: Suchier, Erinnerungen an Johann Gottfried Kinkel). — **Hannover.** H a h n 'sche Buchhandl.: Neues Archiv der Gesellschaft für ältere deutsche Geschichtskunde. XXV, 3. 1900. 8. (2 Ex.) — **Heilbronn a. N.** Dr. A l f r e d S c h l i z : Ders., Die Bevölkerung des Oberamts Heilbronn, ihre Abstammung und Entwickelung. 1899. 8. — **Hermannstadt.** A d o l f   D i e t r i c h   E d l e r   v o n S a c h s e n f e l s , k. u. k. Generalmajor: Akademisches Begrüßungsgedicht f. d. Prof. Michael Gottlieb Agnetler. 1751. 2. — **Hildesheim.** H a n d e l s k a m m e r : Jahresbericht über d. J. 1899. 1900. 8. — **Hochpaleschken.** A. T r e i c h e l , Rittergutsbes.: Ders., Erbverschreibung für Barlewitz und auch Vorschloß Stuhm, Kr. Stuhm. S.-A. 1900. 8.; Ders., Geburtsbrief von 1399 für Martin Keselnit, von Soldau nach Thorn. S.-A. 1900. 8.; Ders., Nachträge zu dem Aufsatze über »Pilz-Destillate als Rauschmittel.« S.-A. 1900. 4. — **Jglau.** K. K. S t a a t s g y m n a s i u m : Programm 1899-1900. (1900.) 8. (Weinberger, Programm eines Wegweisers durch die Sammlungen griechischer und lateinischer Handschriften.) — **Karlsbad.** K a i s e r   F r a n z   J o s e f -

Gymnasium: Jahresbericht 1899/1900. 1900. 8. (Bauer, Über den Einfluß Laurence Sternes auf Chr. M. Wieland. Schluß.) — **Karlsburg.** Verein für Geschichte, Archäologie u. Naturwissenschaften: Jahrbücher 6. 8. 1894. 1897. 8. — **Karlsruhe.** Badischer Frauenverein: 40. Jahresbericht 1899. 1900. 8. — **Kassel.** Dr. Winterstein: Ders., Germanen-Tafel. Darstellungen altgermanischer Gesittung. 1 Blatt. 1899. 2. (2 Ex.). — **Kempten.** Jos. Kögel'sche Buchhandl.: Karl Reiser, Sagen, Gebräuche u. Sprichwörter des Allgäus. [pg 32] 17. Heft; o. J. (1900.) 8. — **Konstanz.** Großh. Gymnasium: Bericht über das Schuljahr 1899-1900. 1900. 4. — **Kronstadt.** Handels- und Gewerbekammer: Bericht f. 1899. 1900. 8. — **Krummau.** Anton Mörath, fürstlich Schwarzenbergscher Centralarchiv-Direktor: Derselbe, Die deutsche Zunftordnung der Krummauer Müller aus der zweiten Hälfte des 16. Jahrh. S.-A. (1900.) 8. K. K. Staats-Obergymnasium: Jahresbericht 1899/1900. 1900. 8. (Ammann, Das Verhältnis von Strickers Karl zum Rolandslied des Pfaffen Konrad mit Berücksichtigung der Chanson de Roland. Forts.) — **Lahr.** Großh. Gymnasium: Jahresbericht für das Schuljahr 1899/1900. 1900. 4. — **Lauban.** Handels-Kammer: Jahresbericht für das Jahr 1899. gr. 8. — **Leer.** Handelskammer: Jahresbericht f. d. J. 1899, I. T. (1900.) gr. 8. — **Leipzig.** Bibliographisches Institut: Weltgeschichte, hrsg. v. Hans F. Helmolt I; III, 1; IV; VII, 1. 1900. 8. Dr. Georg Buchwald: Ders., Konrad Stürtzel von Buchheim aus Kitzingen. 1900. 8. Carl Fr. Fleischer: Herm. Schaafthausen, Anthropologische Studien. 1885. 8. Fr. Wilh. Grunow, Verlag: Carl Jentsch, Drei Spaziergänge eines Laien ins klassische Altertum. 1900. 8.; Adolf Lobe, Plaudereien über das neue Recht. 1900. 8.; Wippermann, Deutscher Geschichtskalender f. 1899. II. Bd. 1900. 8. Karl W. Hiersemann, Buchhändler u. Antiquar: J.J.

Tikkanen, Die Psalterillustration im Mittelalter. Bd. I. H. 3. 1900. 4. Dr. Ludwig Volkmann: Ders., Die Familie Volkmann. 1895. gr. 8. Sendung der buchhändlerischen Zentralstelle f. d. Programmentausch der höheren Schulen Deutschlands. B. G. Teubner: Vorlesungsverzeichnisse für das Sommerhalbjahr 1900 der Universitäten Berlin, Bonn, Breslau, Freiburg i.B., Giessen, Greifswald, Halle-Wittenberg, Heidelberg, Jena, Kiel, Leipzig, Marburg, Rostock, Straßburg, Würzburg und der kgl. Akademie zu Münster. 1900. 8. u. 4.; Schulprogramme: Asbach, Das Düsseldorfer Lyceum unter bayrischer u. französischer Herrschaft. (1805-13.) 1900. 4.; Baege, Deutsche Sprache im Spiegel deutscher Volksart. 1900. 8.; Bätjer, Zwei Dichter des Lyonnais. II. Teil. 1900. 4; Bauer, Zur Geschichte der Realschule mit Progymnasium zu Meerane in Sachsen. 1875-1900. 1900. 4.; Bause, Überblick über die Entwicklung der deutschen Rechtschreibung. 1900. 8.; Beck, Bemerkungen zu den kurzen freien Vorträgen der Primaner unserer Realschule. Barmen. 1900. 4. Bering, Beiträge zur Geschichte Elbings. I. 1900. 4.; Beintker, Versuch einer neuen Erklärung von Thukydides III. 84 u. 67, sowie einzelner Stellen aus Bch. II. u. III: 1900. 4.; Bertin, Die dem Homer zugeschriebene Batrachomyomachie (Froschmäusekampf) im Versmaße der Ursprache wiedergegeben und mit Bemerkungen versehen. 1900. 4.; Biese, Goethe, seine Bedeutung f. d. Gegenwart. 1900. 8. Bohnstedt, Mittelalterliche Legenden. 1900. 4.; Böhrig, Die Probleme der Hebbel'schen Tragödien. 1900. 8.; Boltenstern, Schillers Vergilstudien. T. II. 1900. 4.; Boschulte, Friedrich Matthisson, seine Anhänger u. Nachahmer. 1900. 4.; Brachvogel, Lessings Laokoon. Abschn. I-XV dem Gedankengange nach dargestellt. 1900. 4.; Brandt, Vorschläge f. d. Kunstunterricht an Gymnasien. 1900. 4.; Braß, Goethes Anschauung der Natur die Grundlage seiner sittlichen u. ästhetischen Anschauungen in Entwicklung u. Wandlung. 1900. 8.; Bühring, Das Kürenberg-Liederbuch nach dem gegenwärtigen Stande der Forschung. I. 1900. 4.; Busse, Zur Pneumatologie des Apostels Paulus. 1900. 4. Cauer, Wie dient das Gymnasium dem Leben? 1900. 4.; Claussen, 36 Briefe des Philologen Johannes Caselius, geschrieben zu Rostock im April u. Mai 1589 aus einer Handschrift der Gymnasialbibliothek herausgegeben. Altona. 1900. 4.; Conrad, De saeculo Romanorum. 1900. 4.; Gygan, Kleinere Beiträge zur Geschichte des Krieges 1806/7. 1900. 8.; Darpe, Coesfelder Urkundenbuch I. Teil. (Schluß.) 1900. 8.; Denicke, Die mittelalterl. Lehrgedichte Winsbeke u. Winsbekin in kulturgesch. Beleuchtung. 1900. 8.; Dettmer, Streifzüge durch das Gebiet alter u. neuer Tonkunst. 1900. 4.; Döhmann, Beiträge zur Geschichte der Stadt u. Grafschaft Steinfurt. I. Die Burgmannen von Steinfurt. I. Teil. 1900. 8.; Dworski, De ordinationibus Formosi papae. 1900. 4.; Ebeling, Der Buchführer M. Philipp Schultze, ein Beitrag zur Geschichte des Stralsunder Buchhandels im Beginn des 17. Jahrh. 1900. 4.; Ehwald, Exegetischer Kommentar zur XIV. Heroide Ovids. 1900. 4.; Eichner, Die auswärtige Politik Friedrichs d. Gr. im J. 1755. 1900. 4.; Ernst, Die Evolutionstheorie des französischen Litteraturhistorikers Ferdinand Brunetière. 1900. 4.; Fehrs, Die Oberrealschule der Stadt Wetzlar, Verzeichnis der Lehrer der Oberrealschule u. des Gymnasiums [pg 33] (1799-1899.) 1899. 8.; Fehrs, Die 100-jähr. Jubelfeier des Gymnasiums am 5., 6. u. 7. Juli 1899. Wetzlar 1900. 4.; Felten, Forschungen z. Geschichte Ludwigs d. Bayern. 1900. 4.; Fischer, Einiges über das häusliche Leben der Schüler. 1900. 4.; Flemming, Briefe und Aktenstücke zur ältesten Geschichte von Schulpforta. 1900. 4.; Frederking, Eigenart und Bedeutung der Dichtung und Persönlichkeit Goethes. 1900. 4.; Fritze, Biographisch-bibliographisches Verzeichnis der Lehrer des Joachimsthalschen Gymnasiums von der Gründung der

Anstalt bis 1826. Berlin 1900. 4.; Gehlen, Eine Satire Joachim Rachels und ihre antiken Vorbilder. 1900. 4.; Gemoll, Die Handschriften der Petro-Paulinischen Kirchenbibliothek zu Liegnitz. 1900. 8.; Gerlach, Grundlehren der Chemie. 1900. 8.; Gerstenberg, Zur Geschichte des Friedrich-Realgymnasiums zu Berlin von Ostern 1850 bis Ostern 1900. 1900. 4.; Goldschmidt, Zur Geschichte des Friedrichs-Gymnasiums 1850-1900. 1900. 4.; Gombert, Bemerkungen zum deutschen Wörterbuch. 1900. 4.; Greif, Neue Untersuchungen zur Dictys- und Daresfrage I. Dictys Cretensis bei den Byzantinern. 1900. 4.; Grevenbroich, Progymnasium zu — : Richtig Deutsch! Sprech- und Sprachübungen zur Vermeidung der geläufigsten Dialektfehler niederrheinischer Schüler. Zusammengestellt aus Beiträgen des Lehrerkollegiums. 1900. 8.; Gudopp, Dramatische Aufführungen auf Berliner Gymnasien im 17. Jahrhundert. 1900. 4.; Hachez, Übersicht über die Entwicklung der deutschen Litteratur bis zum Auftreten Klopstocks. 1900. .8.; Hamdorff, Geschichte des Realgymnasiums zu Guben. 1874-1900. 1900. 4; Harkensee, Beiträge zur Geschichte der Emigranten in Hamburg. II. Madame de Genlis. 1900. 8.; Heubaum, Die Auseinandersetzung zwischen der mechanischen und theologischen Naturerklärung in ihrer Bedeutung für die Fortentwicklung des religiösen Vorstellens seit dem 16. Jahrhundert. 1900. 4.; Hitzigrath, Hamburg und die Kontinentalsperre. 1900. 4.; Hofmann, Goethe am Rhein. 1899. 8.; Ders., Pädagogisches im Werther. 1900. 4.; Hoffmann, Kaiser Friedrichs III. (IV.) Beziehungen zu Ungarn in d. Jahren 1464-1477. (Teil I: bis 1470). 1900. 8.; Höveler, Jacobus Omphalus Andernacus, ein berühmter Humanist und Staatsmann des 16. Jahrhunderts. 1900. 4.; Jacobsen, Die sittliche Bildung nach J. H. Pestalozzi. 1900. 4.; Jever: Verzeichnis der Jeverland betr. Handschriften und Drucke des Mariengymnasiums in Jever. 1900. 8.; Jardon,

Goethe, der Begründer der litterarischen Einheit Deutschlands. 1900. 4.; Jordan, Beiträge zur Geschichte des städtischen Gymnasiums in Mühlhausen i. Thür. V. 1900. 8.; Jung, Über die Notwendigkeit, das Fachlehrertum an den höheren Schulen möglichst einzuschränken. 1900. 4.; Kalepky, Lexikographische Lesefrüchte. I. Teil. 1900. 4.; Kantel, Das Plattdeutsche in Natangen. I. 1900. 4.; Kausch, Die gutsherrlich-bäuerlichen Verhältnisse in der Mark Brandenburg bis zur Zeit des dreißigjährigen Krieges. 1900. 4.; Kayser, Christian Thomasius und der Pietismus. 1900. 4.; Kersten, Wielands Verhältnis zu Lucian. 1900. 4.; Knape, I. Mitteilungen aus der Geschichte der Anstalt im ersten Vierteljahrhundert ihres Bestehens. II. Bericht über die Feier des 25 jährigen Bestehens der Anstalt (Realgymnasium zu Ratibor). 1900. 4.; Koch, Bericht über die Abhaltung des dritten Cyklus von kunstgeschichtlichen Vorträgen am Gymnasium zu Bremerhaven; Koch, Über den Versbau in Goethes Iphigenie. 1900. 4.; Krause, Anton, Entstehung der Konjugation in den flektierenden Sprachen. I. Teil. 1900. 4.; Krause, Arnold, Zum Barlaam und Josaphat des Gui von Cambrai. II. Teil: Zur Mundart oder Dichtung. 1900. 4.; Krey, Die dänische Sprache im Herzogtum Schleswig. 1900. 4.; Kriebitzsch, Beiträge zur Deutschen Etymologie. 1900. 8.; Krueger, Beiträge zur Geschichte der Familie Farenheid. 1900. 8.; Kuhlmann, De veterum historicorum in Augustini de civitate dei libro primo, altero, tertio vestigiis. 1900. 4.; Kühnau, Die Bedeutung des Backens und des Brotes im Dämonenglauben des deutschen Volkes. 1900. 8.; Küsel, Die Königin Luise in ihren Briefen. 1900. 8.; Lamprecht, Die mundartlichen Worte in den Romanen und Erzählungen von A. Theuriet. 1900. 4.; Lange, Musikgeschichtliches. 1900. 4.; Laudahn, Bemerkungen zu den Demosthenischen Staatsreden. 1900. 4.; Lehmann, Über philosophische Propädeutik. 1900. 4.; Le Mang, Die Darstellung des Schmalkaldischen Krieges in den Denkwürdigkeiten Kaiser

Karls V. III. Teil. 1900. 4.; Lenz, Die Regierungsschulen in den deutschen Schutzgebieten. 1900. 4.; Leo, De Horatio et Archilocho. 1900. 8.; Lorentz, Goethes Wirksamkeit im Sinne der Vertiefung und Fortbildung deutscher Charakterzüge. 1900. 8.; [pg 34] Lübbert, Die Verwertung der Heimat im Geschichtsunterricht an dem Beispiele von Halle a. S. u. Umgegend ausgeführt. 1900. 4.; Ludwich, Textkritische Untersuchungen über die mythologischen Scholien zu Homer's Ilias: I. 1900. 4.; Lutsch, Das Kreuznacher Gemeinde-Schulkollegium 1807-19. 1900. 8.; Macke, Erasmus oder Reuchlin? Zur Reform des griechischen Unterrichts. 1900. 4.; Manstein, Die Tilgung der Kriegsschulden der Stadt Graudenz aus d. Jahre 1807. 1900. 8.; Marseille, Tagebuchblätter eines hessischen Offiziers aus der Zeit des nordamerikanischen Unabhängigkeitskrieges. 1900. 4.; Matthias, Beiträge zur Erklärung der germanischen Gottesurteile. 1900. 4.; Menkel, Ottos I. Beziehungen zu den deutschen Erzbischöfen seiner Zeit und die Leistungen der letzteren für Stadt, Kirche u. Kultur. 1900. 4.; Meyer, P., Goethe u. das klassische Altertum. 1900. 8.; Mischer, 1) Die Entwicklung des Menschen von der Jugend bis zum reiferen Alter. 2) Macht, Wesen u. Recht der Persönlichkeit. 1900. 4.; Müller, Anton, Frankenstein im 30-jährigen Kriege. II. Teil. 1900. 4.; Niedenzu, De genere Stigmatophyllo. Pars posterior. 1900. 4.; Noelting, Blutstillen und Krankheitsbesprechen. Ein Beitrag zur Volksmedizin. 1900. 4.; Nordmann, Hilfsbuch für den chem. Unterricht an höheren Lehranstalten. Unterstufe. 1900. 8.; Paulus, Zur Einführung unserer Schüler in die Kasseler Bildergallerie. III. 1900. 4.; Plüss, Aberglaube u. Religion in Sophokles' Elektra. 1900. 4.; Rauschen, Das Griechisch-Römische Schulwesen zur Zeit des ausgehenden antiken Heidentums. 1900. 4; Richert, Hegels Religionsphilosophie in ihren Grundzügen dargestellt u. beurteilt. 1900. 8.; Rieck, Städtisches Leben in

Mecklenburg in den Zeiten des Mittelalters. II. 1900. 8.;
Robel, Die Sirenen. Ein Beitrag zur
Entwickelungsgeschichte der Akustik. Teil IV. Die Analyse
der Sirenenklänge. 1900. 4.; Roloff, Robert Brownings Leben
nebst Übertragungen einiger Gedichte desselben. 1900. 4.;
Saxenberger, Dr. M. Luther, ein Freund der belebten Natur.
1900. 4.; Schmidt, Erich, Die Chronik des
Bernardinerklosters zu Bromberg. Übersetzung im Auszuge
nebst Anmerkungen u. verbindendem Texte. I. 1900. 8.;
Schöningh, Die Göttergenealogien des Boccaccio. I. 1900. 4.
Schreiber, Gustav Adolfs Feldlager u. Verschanzungen bei
Schwedt a. O. 1900. 4.; Schultze, Der ontologische
Gottesbeweis. Geschichtlich-kritische Übersicht bis Kant.
1900. 4.; Staats, Die Luft in Schulzimmern. 1900. 4.;
Stalmann, Das Herzogliche philologisch-pädagogische
Institut auf der Universität zu Helmstedt (1779-1810).
Zweiter Teil: Beurteilung nebst Anhängen u. einem
Mitgliederverzeichnis. 1900. 4.; Stettiner, Zur Geschichte des
preußischen Königstitels u. der Königsberger Krönung.
1900. 8.; Suhle, Rede zur Feier des Geburtstages Sr. Maj. des
Kaisers u. Königs. Nordhausen. 1900. 4.; Terwelp,
Geschichte des Gymnasium Thomaeum zu Kempen. (Rh.)
1900. 8.; Thimme, Abriß einer griechisch-lateinischen
Parallelsyntax. 1900. 8.; Thomas, Einige Ergebnisse über
Johann Sebastian Bachs Ohrdrufer Schulzeit aus der
Matrikel des Lyceums geschöpft. 1900. 4.; Trzoska, Der
Unterricht in der Gesundheitslehre auf den höheren
Lehranstalten. 1900. 8.; Tuczeck, Über das Schulwesen
Chiles. 1900. 4.; Tüselmann, Beispiele zur Logik aus
Lessings Laokoon u. Hamburgischer Dramaturgie. 1900. 4.;
Viertel, Petrarca de viris illustribus. 1900. 8.; Vogel, Aus der
älteren Schulgeschichte Perlebergs. 1900. 4.; Vogeler,
Iphigenie im Drama der Griechen u. bei Goethe. 1900. 8.;
Walz, Die Ableitung des Wortes »Pfahl« als Bezeichnung des
Limes. 1900. 4.; Weck, Haus Hohenzollern. Schauspiel in

fünf Aufzügen. 1900. 8.; Weniger, Johannes Kromeyers Weimarische Schulordnungen von 1614 u. 1617. 1900. 4.; Wernecke, Ulrich v. Hutten als deutscher Schriftsteller. 1900. 4.; Werneke, Sprachreform u. Doppelwörter. 1900. 4.; Wernicke, Die höhere Schule in Neunkirchen während der ersten 25 Jahre ihres Bestehens. 1900. 4.; Wetzstein, 1) Die Gründung der evangelisch-luth. Landeskirche in Mecklenburg; 2) Goethe's geistige Bedeutung. 1900. 4.; Wiedemann, Johann Julius Heckers Pädagogisches Verdienst. 1900. 4.; Willenbücher, Guyaus soziologische Ästhetik (1900). 8.; Woisin, Über die Anfänge des Merovingerreiches. Teil I. 1900. 8.; Zelle, Die Singweisen der ältesten evangel. Lieder. II. Die Melodien a. d. J. 1525. 1900. 4. — **Linz.** Oberösterr. Gewerbeverein: Bericht. 1900. 8. — **London.** E.G. Ravenstein: Ders., Martin de Bohemia. o. J. 8. — **Lüdenscheid.** Handelskammer: Jahresbericht f. 1899/1900. 1900. gr. 8. — **Ludwigshafen a. Rh.** Pfälzische Handels- u. Gewerbekammer: Jahresbericht 1899. I. II. 1900. 8. — **Lüneburg.** Handelskammer: Jahresbericht v. J. 1899. 1900. gr. 8. — **Mährisch-Ostrau.** Landes-Oberrealschule: [pg 35] XVII. Jahresbericht 1899--1900, enth.: Waneck, Das Realschulwesen Mährens 1848--90. II. (1900.) 8. — **Mannheim.** Handelskammer: Jahresbericht f. d. J. 1899, II. (1900.) 8. — **Memel.** Kaufmannschaft: Bericht über Handel u. Schiffahrt zu Memel. 1900. 8. — **Milwaukee.** The public Museum: Board of Trustees 1899. 8. — **Mühlbach.** Gymnasium: Programm 1900. 4. — **Mfihlhausen i. Th.** Handelskammer: Jahresbericht pro 1899. 1900. 8. — **München.** Jos. Albert, Kunstverlag: v. Bezold, Riehl u. Hager, Die Kunstdenkmale des Königreiches Bayern. 1. Bd., 19. Liefg. 8 mit zugehörigen Tafeln in 2. Geh. Rat Univ.-Prof. Dr. Karl Theodor Heigel: Ders., Friedrich Christoph Dahlmann. S.-A. 8. Hist. Museum, Maillinger-Sammlung u. Modell-Sammlung:

Hist. Ausstellung d. Stadt München, veranstaltet a. d. Maillinger-Sammlung, Geschichte Münchens in Bildnissen 1158-1886. 1900. 8. Malschule: Zweiter Jahresber. 1899/1900. 1900. 8. — **Münnerstadt.** Kgl. Humanist. Gymnasium: Jahresber. 1899/1900. 1900. 8. Mit Beil: Hch. Kühnlein, Otto Ludwigs Kampf gegen Schiller. 1900. 8. (2 Ex.) — **Münster.** Handelskammer: Jahresber. f. 1899. 1900. 8. Der Landeshauptmann d. Provinz Westfalen: Ludorff, Die Bau- u. Kunstdenkmäler von Westfalen. Kreis Iserlohn. 1900. 2. — **Nürnberg.** Baugewerkschule: Lehrpl. u. Jahresber. 1900. 8. Bieling-Dietz, k. bayr. Hofbuchdruckerei: Erinnerungsschrift a. d. 500-jähr. Geburtsfeier Johannes Gutenbergs zu Nürnberg. 1900. 4. (3 Ex.) Karl Fischer, Vertreter der Firma A. Gutmann, Buchhandl.: Schinz, Naturgeschichte u. Abbildungen der Säugetiere. Lithographiert von K.J. Brodtmann. H. 1 21. 2. Aufl. Zürich 1827. 2. Kgl. Neues Gymnasium: Jahresbericht für das Schuljahr 1899/1900. 1900. 8. Als Beilage: Adolf Zucker, Xenophon u. die Opfermantik in der Anabasis. 1900. 8. Städtische Handelschule: Jahresbericht f. d. Schuljahr 1899/1900. 1900. 8. Als Beilage: Uhlemayr, Der Einfluß Lafontaine's auf die englische Fabeldichtung des 18. Jahrh. 1900. 8. Handels-u. Gewerbekammer f. Mittelfranken: Jahresbericht 1899. 8. Kgl. Kunstgewerbeschule: Jahresbericht 1899/1900. 1900. 8. (3 Ex.) Frau Langheinrich: Sammelband religiöser Schriften aus dem 17. Jahrh. kl. 8.; Raymund Bruns, Catholisches Unterrichts-, Gebett- u. Gesang-Buch. 1755. 8. Oberstabsarzt a. D. Dr. Röhring: Deutsche Chirurgie, hrsg. von Billroth u. Luecke. Lfg. 14: Sonnenburg, Verbrennungen u. Erfrierungen. 1879. 8.; Lfg. 15: Gussenbauer, Die Traumatischen Verletzungen. 1880. 8.; Lfg. 17a u. b: H. Fischer, Handbuch der Kriegschirurgie. 1882. 8.; Lfg. 19: Georg Fischer, Handbuch der Allgem. Operations-

u. Instrumentenlehre. 1880. 8.; Friedländer, Darstellungen a.d. Sittengeschichte Roms. 1871-74. 8.; Geschäfts-Bericht der Usambara-Kaffeebau-Gesellschaft in Berlin. 1899. 4.; Gutenberg-Ausstellung der Kgl. Hof- u. Staatsbibliothek (München). 1900. 8. Gutenberg-Nummer des Journal f. Buchdruckerkunst. 1900. 2.; Ludw. Hirt, Die Krankheiten der Arbeiter. 1871-78. 8.; Leitschuh, Festschrift zur Feier des 50-jähr. Bestehens des Gewerbevereins in Bamberg am 8. Sept. 1897. 2.; Linhardt-Schwenk, Das Gefecht bei Gefrees u. Berneck am 8. Juli 1869. (1900.) 8.; Pappenheim, Handbuch der Sanitäts-Polizei 1868-70. 8.; Schutzmaßregeln bei ansteckenden Krankheiten. 1900. 8.; Sonderegger, Vorposten der Gesundheitspflege. 1890. 8.; Tuberkulose-Merkblatt, Bearb. im kaiserl. Gesundheitsamte. (1900.) 8.; J.H. Vogel, Das Acetylenlicht (1900.) 8. Jakob Schwarz: Mahnruf des Märzvereins in München an den deutschen Volksstamm der Bayern. 1849. kl. 8. Stadtmagistrat: Verwaltungsbericht der Stadt Nürnberg 1897. 8. Tierschutz-Verein: Rechenschafts-Bericht u. Mitglieder-Verzeichnis 1899/1900. 1900. 8.; Privatier L. Treu: Hebräisches Manuskript auf Pergament. 6 Blttr. 8. — Oppeln. Handelskammer: Lage und Gang der Industrie u. des Handels in Oberschlesien im J. 1899. 1900. 8. — Philadelphia. Henry S. Dotterer: Ders., The Perkiomen Region Past and Present. vol. I. 1895. 8. — Posen. Handelskammer: Jahresbericht f. d. J. 1899. 1900. 8. — Potsdam. W.L. Schreiber: Ders., Manuel de l'amateur de la gravure sur bois et sur métal au XVe. siècle. 1900. 2. — Prag. Fritz Donebauer: Ders., Beschreibendes Verzeichnis der Autographen-Sammlung Fritz Donebauer in Prag. 1900. 8. Kunstgewerbliches Museum der Handels- u. Gewerbe-Kammer: Bericht des Curatoriums f. d. Verwaltungsjahr 1899. 1900. 8. — Rákos Palota b. Budapest. Karl Fischer, Controlor der kgl. ungar. Staatsbahnen: Ders., Die hunnisch-magyarische

Schrift und deren vorhandene Denkmäler. 1899. gr. 4. (in ungarischer Sprache.) — **Rastatt.** Großh. Gymnasium: [pg 36] Jahresbericht f. d. Schuljahr 1899/1900. 1900. 4. — **Regensburg.** Gewerbeverein, A. V.: Jahresbericht f. d. J. 1899. 8. Kgl. Altes Gymnasium: Jahresbericht 1899/1900. 1900. 8. Als Beilage: Hüttinger, Studia in Boetii carmina collata. Pars prior. (1900.) 8. Kgl. Neues Gymnasium: Jahresbericht 1899/1900. 1900. 8. Als Beilage: Joh. Gerh. Vermeulen, Zur Einleitung in die Kirchengeschichte. (1900.) 8. — **Rothenburg o. T.** Kgl. Realschule: Jahresbericht 1899/1900. 1900. 8. — **Saarbrücken.** Handelskammer: Jahresbericht f. 1899. 1900. 4. — **Sagan.** Handelskammer: Jahresbericht 1899. 4. — **Salzburg.** Gymnasium am Collegium Borromäum: Programm 1899/1900. (Brandstätter, Das Wissen nach Platons Dialog Theätet.) 1900. 8. Richard von Strele: Ders., Fiducit. Letzter Gruß an meinen lieben Corpsbruder. 1893. 8. Nebst sieben weiteren Gelegenheitsgedichten. — **Schweidnitz.** Handelskammer: Jahresbericht 1899. gr. 8. — **Speyer.** Emil Heuser, kgl. Bahnverwalter: Ders., Wormser Pfennige des 13. Jahrh. 1900. 8. — **Stettin.** Die Vorsteher der Kaufmannschaft. Stettins Handel, Industrie und Schiffahrt im J. 1899. 1900. 2. — **Stralsund.** Handelskammer: Jahresbericht 1899. 1900. 8. — **Strassburg i. E.** Seine Durchlaucht Fürst Hohenlohe-Langenburg, kais. Statthalter in Elsaß-Lothringen: v. Terey, Die Gemälde des Hans Baldung. Bd. II. (1900.) 2. — **Stuttgart.** Fr. Frommanns Verlag (E. Hauff) auf Veranl. des H. Prof. Schemann zu Freiburg i. B.: Graf Gobineau, Versuch üb. d. Ungleichheit der Menschenrassen. Deutsche Ausgabe von L. Schemann. III. 1900. 8. Kgl. Württembergisches Statistisches Landesamt: Beschreibung d. Oberamts Rottenburg. I. II. 1899-1900. 8. — **Thorn.** Handelskammer: Jahresbericht f. d. J. 1899. 1900.

8. — **Trier.** Handelskammer: Jahresbericht f. d. J. 1899. 1900. gr. 8. — **Troppau.** Direktor Dr. Edmund Wilhelm Braun: Kaiser Franz Josef-Museum für Kunst u. Gewerbe. Jahresbericht 1899. 8. — **Ulm.** Gemeinderat: Ulmisches Urkundenbuch. II, 2. 1900. 2. — **Ungarisch Brod.** K.K. höhere Franz-Joseph I.-Realschule: Jahresbericht 1899/1900. Voráček, Akut im französichen Vokativ.) 1900. 8. — **Urfahr.** Bischöfliches Privat-Gymnasium am »Collegium Petrinum«: Jahresbericht 1900. 8. (Zöchbauer, Kaiser Rudolf II. u. die Nachfolgefrage b. z. Tode des Erzherzogs Ernst [20. Febr. 1595.] Schluß.) — **Verden.** Handelskammer: Bericht 1899. 2. — **Weidenau.** K. K. Staatsgymnasium: XXVII. Jahresbericht 1899/1900. (Holub , Tacitus' Germania — ein Dialog.) 1900. 8. — **Wien.** Kommission zur Herausgabe des Prachtwerkes: »Die österreichisch-ungarische Monarchie«: Die österreichisch-ungarisiehe Monarchie in Wort u. Bild. Ungarn (V. Bd.) 2. Abt. 1900. 8. K. K. Akademisches Gymnasium: Jahresbericht für das Schuljahr 1899/1900. 1900. 8. Mit Beilage: Katalog der Lehrerbibliothek II. Teil, zusammengestellt von Prof. Hans Hanna. 1900. 8. Verlag L.W. Seidel & Sohn: Mitteilungen der Direktion des k. u. k. Kriegsarchivs. N. F. Bd. XII. 1900. 8. — **Worms.** Buchdruckerei Kranzbühler: Aug. Weckerling, Zur Erinnerung an das 200-jähr. Jubiläum der Buchdruckerei Kranzbühler in Worms. (1900.) 4. — **Würzburg.** G.H. Lockner: Vier numismatische Abhandlungen Desselben in Zeitschriften 1899-1900. 8. — **Zürich.** Direktion des Schweizerischen Landesmuseums: 7. u. 8. Jahresbericht 1898 u. 1899 von Direktor H. Angst. 1900. 8.; Die Wandmalereien in der Waffenhalle des Schweizerischen Landesmuseums in Zürich. 1900. 8. — **Zweibrücken.** Kgl. Human. Gymnasium: Jahresbericht 1899/1900. 1900. 8. Als Beilage: Schunck, Quantum intersit inter dativi

possessivi usum Ciceronis et Plauti. 1900. 8. —
Unbekannt. ?: Lyndamine oder die beste Welt in warmen
Landen. I. 1783. 8.

Tauschschriften.

Aarau. Historische Gesellschaft des Kantons
Aargau: Argovia, Bd. XXVIII. 1900. 8. — **Amiens.**
Société des antiquaires de Picardie: Bulletin 1892,
2-4. — **Augsburg.** Historischer Verein für
Schwaben u. Neuburg: Zeitschrift. 26. Jahrg. 1899. 8.
— **Basel.** Verein für das historische Museum u.
f. Erhaltung baslerischer Altertümer:
Jahresberichte u. Rechnungen. Jahr 1899, 1900. 4. — **Bergen.**
Museum: Aarbog 1899, H. 2. 1900. 8.; Aarsberetning 1899.
1900. 8. — **Berlin.** Generalverwaltung der Kgl.
Museen: Jahrbuch der Kgl. Preußischen
Kunstsammlungen XXI, 3. 1900. 2. — **Bonn.** Kgl.
Rheinische Friedrich-Wilhelm-Universität: [pg
37] Chronik f. d. Rechnungsjahr 1899/1900, hrsg. vom
zeitigen Rektor Friedrich Siefert. Jahrg. 25. N. F. 14. 1900 8.;
Verzeichnis der Vorlesungen f. d. Sommerhalbjahr 1900.
1900. 8.; f. d. Winterhalbjahr 1900/1901. 1900. 8.; Jvdicia
qvinqve ordinvm vniversitatis Fridericiae Gvilielmiae
Rhenaniae de litterarvm certaminibvs. 1900/1901. (1900.) 4.;
Elter, Gnomica homoeomata des Socrates, Plutarch,
Demophilus, Demonax, Aristonymus u.a. 1900. 4.; Fischer,
Die Stabende Langzeile in den Werken des Gawaindichters.
1900. 8.; Franken, Beitrag zur Geschichte der
Niderländischen Stempelsteuer, 5. Kap. 1900. 8.; Kempel, Die
zweckmäßigste Form der Arbeitslosenversicherung. 2. Teil.
1900. 8.; Kirschkamp, Die Liebe in der natürlichen u. in der
übernatürlichen Ordnung. 1900. 4.; Lennarz, Der
Territorialstaat des Erzbischofs von Trier um 1220 nach

Liber annalium iurium archiepiscopi et ecclesie Trevirensis. I. Teil. 1900. 8.; Mennicken, Versbau u. Sprache des mittelenglischen stabreimenden Gedichtes Morte Arthure von Huchown. 1900. 8.; Menzel, Sprachliche Untersuchung der Handschrift C des Wilhelm von England von Christian von Troyes. 1900. 8.; Müller (Joseph), Untersuchungen zur Lautlehre der Mundart von Ägidienberg (1900). 8.; Niederländer, Die Mundart von Namur. 1899. 8.; Rülf, Die Apperception im philosophischen System des Leibniz. 1900. 8.; Sasao, Prolegomena zur Bestimmung des Gottesbegriffes bei Kant. 1900. 8.; Spaulding, Beiträge zur Kritik des psychophysischen Parallelismus vom Standpunkte der Energetik; Verbeek, William Dampier's Leben u. Werke. 1899. 8.; Volbach, Die Praxis der Händel-Aufführung. 2. Teil. Das Händel-Orchester u. die technische Behandlung der einzelnen Instrumente. I. Das Streichorchester in seinen einzelnen Instrumenten und in seiner Zusammensetzung. 1899. 4.; Völker, Papyrorum Graecarum syntaxis speeimen. 1900. 8.; Werckmeister, Über den Leibniz'schen Substanzbegriff. 1899. 8. Ferner zwei juristische Dissertationen und eine chemische Dissertation. — **Bremen.** Historische Gesellschaft des Künstlervereins: Bremisches Jahrbuch. XIX. Bd. 1900. 8. — **Breslau** Universität: Chronik der Königl. Universität zu Breslau 1899/1900. Jahrg. 14. 1900. 8.; Beyer, Schuldenwesen der Stadt Breslau im 14. u. 15. Jahrh. mit besonderer Berücksichtigung der Verschuldung durch Rentenverkauf. I. Teil. 1900. 8.; Dentzer, Zur Beurteilung der Politik Wibalds von Stablo u. Korvei. 1900. 8.; Meyer, Die englische Diplomatie in Deutschland z.Z. Eduards VI. u. Mariens. 1900. 8.; Pürschel, Die Stadtvogtei in Schlesien unter besonderer Berücksichtigung der Breslauer Stadtvogtei. 1899. 8. — **Brüssel.** Société royale belge de géographie: Bulletin 24. année. 1900. Nr. 1. 1900. 8. — **Chur.** Historisch-antiquarische Gesellschaft von Graubünden: Jahresbericht XXIX. Jahrg. 1899. 1900. 8. — **Danzig.** Westpreuß. Geschichtsverein durch Th. Bertling, Buchhandl.: Zeitschrift H. 42. 1900. 8. — **Darmstadt.** Verein f. Erdkunde: Notizblatt IV. Folge. H. 20. 1899. 8. — **Dorpat.** Gelehrte Esthnische Gesellschaft: Sitzungsberichte 1899. 1900. 8.; Verhandlungen XX. Bd., H. 2. 1900. 8.; Inhaltsverzeichnis zu den ersten 20 Bänden der Verhandlungen. 1900. 8. — **Eichstätt.** Historischer Verein: Sammelblatt XIV. Jahrg. 1899. 1900. 8. — **Erlangen.** Kgl. Universitäts-Bibliothek: Übersicht des Personalstandes. W.-S. 1899/1900. S.-S. 1900. 1899--1900. 8.; Verzeichnis der Vorlesungen. W.-S. 1899/1900. S.-S. 1900. 1899-1900. 8.; Kipp, Der Parteiwille unter der Herrschaft des deutschen Bürgerlichen Gesetzbuchs. 1899. 4.; Varnhagen, De fabula scenica immolationem Isaac tractante quae sermone medioanglico conscripta in codice Bromensi asservata est. 1899. 4.; Appuhn, Das Trivium u. Quadrivium in Theorie und Praxis. I. Teil: Das Trivium. 1900. 8.; Bauerschmidt, Ergebnisse einer Vergleichung zwischen Ciceros Schriften »De oratore« und »Orator«. 1900. 8.; Bethge, Zur Technik Molières. 1899. 8.; Bitterauf, Observationes Manilianae. 1899. 8.; Graf v. Brockdorff, Deutsche Handelspolitik im 19. Jahrh., insbesondere seit 1879. 1899. 8.; Frhr. v. Dungern, Die staatsrechtliche Stellung der ehemaligen Reichsburg Friedberg in der Wetterau. (1899.) 8. Ferri, Die Begründung der Kulturstaatstheorie (Rechts- oder Kulturstaat?) 1899. 8.; Fischer Über technische Metaphern im Griechischen mit besonderer Berücksichtigung des Seewesens und der Baukunst. 1899. 8.; Haack, Friedrich Herlin. Sein Leben u. seine Werke. 1900. 8.; Heinlein, Hegesipps Rede [Greek: peri Halonnêsou] verglichen mit den Demosthenischen Reden. 1900. 8; Heydenreich, De Quintiliani institutionis oratoriae libro X, de Dionysii Halicarnassensis de imitatione libro II, de canone, qui dicitur, Alexandrino, quaestiones.

[pg 38] 1900. 8.; Hiller, Abälard als Ethiker. 1900. 8.; Hubel, Die Brieffragmente der Cornelia, der Mutter der Gracchen. 1900. 8.; Kroger, Leibnitz als Pädagoge. 1900. 8.; Lasch, Schleiermacher's Religionsbegriff in seiner Entwicklung von der ersten Auflage der Reden bis zur zweiten Auflage der Glaubenslehre. 1900. 8.; Lorenz, Dr. P. J. Möbius als Philosoph. 1900. 8.; Mannes, Über den Einfluß des Aramäischen auf den Wortschatz der Mišnah an Nominal- u. Verbalstämmen, zugleich als Vorstudien zu einem Mišnah-Lexicon. Erster Teil. 1897. 8.; Mertens, Die kulturhistorischen Momente in den Romanen des Chrestien de Troyes. 1900. 8.; MiElisch, Quae de affectuum natura et viribus Spinoza (Ethices p. III. et IV.) docuit, ita exponantur, ut quantum fieri potest, exemplis illustrentur. 1900. 8.; Müller (Max), Der Streit der Zimmermannswerkzeuge. Ein mittel-englisches Gedicht. 1899. 8.; Otto, Hermann Lotze über das Unbewußte. 1900. 8.; Perdelwitz, Die Lehre von der Unsterblichkeit der Seele in ihrer Entwickelung bis auf Leibnitz. 1900. 8.; Posselt, Das Seelenleben des Weisen nach späteren Stoikern. 1899. 8.; Riedel, Alliteration bei den drei großen griechischen Tragikern. 1900. 8.; Schunck, Quantum intersit inter dativi possessivi usum Ciceronis et Plauti. 1900. 8.; Seibert, Lotze als Anthropologe. 1900. 8.; Silberstein, Conrad Pellicanus. Ein Beitrag zur Geschichte des Studiums der hebräischen Sprache in der ersten Hälfte des 16. Jahrh. 1900. 8.; Stephan, Das Debora-Lied. 1900. 8.; Tienes, Nietzsche's Stellung zu den Grundfragen der Ethik genetisch dargestellt. 1899. 8.; Torceanu , Die Grundlage der Spencer'schen Ethik. 1900. 8.; Tröger, Der Sprachgebrauch in der pseudolonginianischen Schrift [Greek:**P e r i u p s o u s] und deren Stellung zum Atticismus. I. Teil. 1899. 8.; Türnau, Rabanus Maurus, der praeceptor Germaniae (1899). 8.; Weigt, Die politischen und sozialen Anschauungen Schopenhauers. 1899. 8.; Wißmüller, Der Geograph Luigi Ferdinando Graf Marsigli (1658-1730). 1900.

8.; Zimmermann, Elohim. Eine Studie zur israelitischen Religions- u. Litteraturgeschichte nebst Beitrag z. Religionsphilosophie. 1899. 8. Ferner 112 juristische Dissertationen. — **Prankfurt a. M.** Stadtbibliothek: Ausstellung Deutscher Buchillustrationen bis Albrecht Dürer. 1900. 8. Verein für Geschichte u. Altertumskunde: Mitteilungen über Römische Funde in Heddernheim. III. 1900. 2. — **Freiburg i. B.** Gesellschaft für Beförderung der Geschichts-, Altertums- und Volkskunde: Zeitschrift XV. Band. 1899. 8. — **Genf.** L'institut national Genevois: Bulletin, t. XXXV. 1900. 8. — **Göttingen.** Direktion der Kgl. Universitäts-Bibliothek: Katalog der zur 500-jähr. Geburtstagsfeier Johann Gutenbergs am 24. Juni 1900 eröffneten Ausstellung. 1900. 8. — **Graz.** Steiermärkisches kulturhistorisches und Kunstgewerbe-Museum: LXXXVIII. Jahresbericht des Museums über das Jahr 1900. 1900. 8. — **Greifswald.** Rügisch-Pommerscher Geschichtsverein: Pommersche Jahrbücher 1. Bd. 1900. 8. Kgl. Universität: Chronik f. d. J. 1899/1900. 1900. 8. (2 Ex.). Verzeichnis der Vorlesungen 1900/1901. (1900.) 8.; Amtliches Verzeichnis des Personals und der Studierenden. W.-S. 1899/1900.1899. 8.; S.-S. 1900. 1900. 8.; Ad sollemnia decennalia in memoriam et honorem serenissimae qvondam principis ac dominae Dn. Annae ... invitant Rector et Senatus universitatis Gryphiswaldensis. 1900. 4. Ferner 3 jur. Dissertationen. — **Guben.** Niederlausitzer Gesellschaft für Anthropologie u. Altertumskunde: Niederlausitzer Mitteilungen VI, 2 4, 5. 1900. 8. — **Schw. Hall.** Histor. Verein für Württembergisch Franken: Zeitschrift, 26. Jahrg. 1899. 8. — **Halle a. S.** Thüringisch-Sächsischer Verein für Erforschung des vaterländischen Altertums und Erhaltung seiner Denkmale:

Neue Mitteilungen aus dem Gebiet historisch-antiquarischer Forschungen. XX. 3/4. 1900. 8. — **Hamburg.** Stadtbibliothek: Jahrbuch der Hamburgischen wissenschaftlichen Anstalten. XVI. 1898. 1899. 8. Mit 4 Beiheften: 1) Voller, das Grundwasser in Hamburg. 7. H. 1899. 4.; 2) Mitteilungen a. d. Naturhist. Museum in Hamburg XVI. 1899. 8.; 3) Mitteilungen a. d. Botanischen Museum in Hamburg. 1899. 8.; 4) Mitteilungen der Hamburger Sternwarte Nr. 5. 1899 8.; Realschule auf der Uhlenhorst zu H., Bericht über das Schuljahr 1899 bis 1900. Als Beilage: Bartels, Pflanzen in der englischen Folklore. 1900. 4.; Realschule in Eilbeck zu H., Bericht über das Schulj. 1899-1900. Mit Beil.: Bätjer, Zwei Dichter des Lyonnais II. 1900, 4.; Realschule in St. Pauli zu H., Bericht über das Schulj. 1899-1900. 1900. 4. Mit Beil.: Lüders, Beitrag zur Kenntnis der Lepidopterengattung Phyllocnistis; Realschule in [pg 39] Eimsbüttel zu H., 8. Jahresbericht: Schuljahr 1899-1900. Als Beil.: Noelting, Blutstillen und Krankheitsbesprechen. Ein Beitrag zur Volksmedizin. 1900. 4.; Realschule vor dem Lübeckerthore zu H., 13. Bericht: das Schulj. 1899-1900. 1900. 4. Als Beil.: Schultze, Der ontologische Gottesbeweis. Geschichtlich-kritische Übersicht bis Kant. 1900. 4.; Oberrealschule und Realschule vor dem Holstenthore zu H. Ostern 1899 Ostern 1900. 4.; Realgymnasium des Johanneums zu H., Bericht über das 66. Schulj. 1899-1900. 1900. 4. Beil.: Hitzigrath, Hamburg und die Kontinentalsperre. 1900. 4.; Wilhelm-Gymnasium, Bericht über das 19. Schulj. 1899-1900. 1900. 4. Als Beil.: Kayser, Christian Thomasius und der Pietismus. 1900. 4.; Gelehrtenschule des Johanneums, Bericht über das 371. Schulj. 1899-1900. 1900. 4. Beil.: W. Dettmer, Streifzüge durch das Gebiet alter und neuer Tonkunst. Staatshaushalts-Abrechnung über d. J. 1897 per ultimo December 1898 nebst Anlagen etc. 1899. 4.; Verhandlungen zwischen Senat und Bürgerschaft 4. Jan.-29. Dez. 1899.

Nebst Register 1900. 4. Entwurf zum Hamburgischen Staats-Budget f. d. J. 1900. 4. Jahresberichte der Verwaltungsbehörden der fr. und Hansestadt Hamburg. 1898. 1899. 4. — Verein für Hamburgische Geschichte: Th. Schrader, Führer durch die Sammlungen Hamburgischer Altertümer. 2. Aufl. 1900. 8. — **Heidelberg.** Grh. Badische Universitäts-Bibliothek: Dissertationen: Abelsdorff, Beiträge zur Sozialstatistik der Deutschen Buchdrucker. 1899. 8.; Becker, Ibn Gauzis Manāqib ʿOmar ibn ʿAbd el ʿAziz besprochen und im Auszuge mitgeteilt. 1899. 8.; Bernthsen, Der Spinozismus in Shelleys Weltanschauung. 1900. 8.; Bowman, The Protestant Interest in Cromwell's Foreign Relations. 1900. 8.; Durasewicz, Beiträge zur Geschichte der Landwirtschaft Kursachsens im 16. Jahrh. 1900. 8.; Dürr, Sprachliche Untersuchungen zu den Dialexeis des Maximus von Tyrus. 1899. 8.; Faymonville, Die Purpurfärberei der verschiedenen Kulturvölker des klassischen Altertums und der frühchristlichen Zeit. 1900. 8.; Felten, Forschungen zur Geschichte Ludwigs des Bayern. 1900. 4.; Fuchs, Über Hausindustrie und verwandte Betriebsformen auf dem Taunus. 1900. 8.; Gillardon, Shelley's Einwirkung auf Byron 1898. 8.; Heerwagen, Die Lage der Bauern zur Zeit des Bauernkriegs in den Taubergegenden. 1899. 8.; Heinrich, Die komischen Elemente in den Lustspielen von Joh. Christian Brandes. 1900. 8.; Hofmann, Untersuchungen über die Darstellung des Haares in der Archaischen Kunst. 1900. 8.; Hohenemser, Die Lehre von den kleinen Vorstellungen bei Leibnitz. 1899. 8.; Jaeckh, Studien zu Kotzebue's Lustspieltechnik. 1899. 8.; Kipfmüller, Das Ifflandische Lustspiel. 1899. 8.; Lebermann, Belisar in der Litteratur der romanischen und germanischen Nationen. 1899. 8.; Liebau, König Eduard III. von England und die Gräfin von Salisbury. 1900. 8.; Mom Rajawongse Toh, Die Landwirtschaft, insbes. der Reisbau in Siam. 1900. 8.;

Peltzer, Deutsche Mystik und Deutsche Kunst. 1899. 8.; Reinhard, Die württembergische Tricot-Industrie. 1899. 8.; Schaefer, Die Feuerrückversicherung. 1900. 8.; Frhr. v. Schauenburg, Der Holzhandel des badischen Schwarzwaldes zwischen Waldbesitzer und erstem Abnehmer. 1899. 8.; Schweitzer, Christian IV. von Dänemark. 1899.; Steinacker, Die Holzbaukunst Goslars. 1899. 4.; Tienken, Die Geest u. Marsch des Amtes Hagen in ihren wirtschaftlichen Verhältnissen. 1900. 8.; Tönnies, Leben u. Werke des Würzburger Bildschnitzers Tilman Riemenschneider 1468-1531. 1900. 8.; Totschkoff, Studien über Rauchwarenhandel u. Kürschnerei, insb. in Ochrida (Macedonien). 1900. 8.; Uhlemayr, Der Einfluß Lafontaines auf die englische Fabeldichtung des 18. Jahrh. 1900. 8.; Vossler, Poetische Theorien i.d. italienischen Frührenaissance. 1900. 8.; Wimmer, Spracheigentümlichkeiten des modernsten Französisch erwiesen an Erckmann-Chatrian. 1900. 8.; Wollaeger, Studien zu Swinburne's poetischen Stil. 1899. 8.; Anzeige der Vorlesungen, S.-H. 1900. 1900. 8., W.-H. 1900/1901. 1900. 8. — **Helsingfors.** Finnische wissenschaftliche Gesellschaft: Förhandlingar XL. 1897-98, XLI. 1898-99, 1898-1900. 8.; Finnlands Natur och Folk. 58. 1900. 8. — **Hermannstadt.** Verein für Siebenbürgische Landeskunde: Heinrich Müller, Die Repser Burg. 1900. 8. — **Hildburghausen.** Verein f. Sachsen-Meiningische Geschichte u. Landeskunde: Schriften H. 35, 36. 1900. 8. — **Igló.** Ungarischer Karpathen-Verein: Jahrbuch XXVII. Jahrg. 1900. 8. — **Kahla.** Verein f. Geschichts- u. Altertumskunde zu Kahla u. Roda: Mitteilungen IV, 1 u. 2. 1890/91. — **Kaiserslautern.** Pfälzisches Gewerbe-Museum: Bericht f.d. Jahr 1899. 8. — **Karlsruhe.** Badische [pg 40] historische Kommission: Schulte, Geschichte des mittelalterlichen Handels und Verkehrs zwischen

Westdeutschland u. Italien mit Ausschluß von Venedig. I. II. 1900. 8. — **Kassel.** Verein f. Naturkunde: Abhandlungen u. Bericht XLV. 1900. 8. — **Köln.** Historischer Verein f. den Niederrhein: Annalen H. 69. 1900. 8. — **Königsberg i. Pr.** Universität: Dissertationen: Gaigalat, Die Wolfenbütteler Litauische Postillenhandschrift a. d. Jahre 1573, I. Teil: Einleitung u. Lautlehre. 1900. 8.; Grasshoff, Die suftaġa und hawâla der Araber. Ein Beitrag zur Geschichte des Wechsels. 1899. 8.; Harder, Die Reime von Butlers »Hudibras«, (1900). 8.; Sarowy, Quellenkritische Untersuchungen zur Geschichte König Salomos. 1900. 8.; Schulz, Über Imperfekt und Perfekt mit [**Hebrew] ([**Hebrew]) im Hebräischen. 1900. 8.; Zimmermann, Sir Landeval, mittelenglisches Gedicht in Reimpaaren. (1900). 8.; 2 juristische und 6 naturwissenschaftliche, bezw. chemische Dissertationen. — **Kopenhagen.** K. Danske Videnskabernes Selskabs: Forhandlinger. 1900. Nr. 2 u. 3. 8.; Mémoires, 6me série, Section des lettres. t. VI. no. 1. 1900. 4. — **Kreuznach.** Antiquarisch-Historischer Verein f. Nahe u. Hundsrück: Veröffentlichungen XIX: Lutsch, Das Kreuznacher Gemeinde-Schulkollegium 1807-19. 1900. 8. — **Leipzig.** Fürstlich Jablonowski'sche Gesellschaft: Jahresbericht März 1900. 8.; Preisschriften XXXV. 1900. 8.; (Schurtz, Das afrikanische Gewerbe) 1900. 8. Kgl. Sächsische Gesellschaft der Wissenschaften: Berichte über die Verhandlungen. Philologisch-Historische Classe, 52, III. 1900. 8. E. A. Seemann, Verlag: Kunstchronik. N. F. XI. Jahrg., Nr. 18-21, 25. 1900. 2. — **Linz.** Museum Francisco-Carolinum: 58. Jahres-Bericht. 1900. 8.; Bancalari, Bibliotheks-Katalog. II. Nachtrag. 1900. 8. — **Lübeck.** Verein für Hansische Geschichte: Hansische Geschichtsblätter. Jahrg. 1899. 1900. 8. — **Mannheim.** Altertumsverein: Schriften: Neue Folge I. 1900. 8.

(Oeser, Katalog der im S. 1900 veranstalteten Ausstellung von Kupferstichen Mannheimer Meister des 18. Jahrh.). — **Marburg. Kgl. Universitäts-Bibliothek:** Ergebnisse der Preisbewerbungen vom Jahre 1899 bis 1900 u. Preisaufgaben f. das Jahr 1900 bis 1901 b. d. Universität Marburg. (1900). 4.; Chronik der Kgl. Preussischen Universität Marburg f. d. Rechnungsjahr 1899/1900. XIII. Jahrg. (1900). 8.; Verzeichnis des Personals u. der Studierenden auf der Kgl. Preussischen Universität Marburg im W.-S. 1899/1900, im S.-S. 1900. 1899-1900. 8.; Verzeichnis der Vorlesungen W.-H. 1899/1900, S.-H. 1900. 1899-1900. 8.; Leonhard, Die Wahl bei der Wahlschuld. 1899. 4.; Eduard Schroeder, Aegidii Hunnii Ruth comoedia (acta Marpurgi, edita Francofurti a. 1586). (1900) 4.; Dissertationen: Brennecke, Die ordentlichen direkten Staatssteuern Mecklenburgs im Mittelalter. 1900. 8.; Folz, Beiträge z. geschichte des patriziats in den deutschen städten vor dem ausbruch der zunftkämpfe. 1899. 8.; Grautoff, Die Beziehungen Lübecks zu Christian IV. bis zum 30-jährigen Kriege. 1899. 8.; Nolte, Der Eingang des Parzival. 1899. 8.; Reibstein, Heinrich Vorrath, Bürgermeister von Danzig als hansischer Diplomat. 1900. 8.; Sieke, Die Entwicklung des Metropolitenwesens im Frankenreiche bis auf Bonifaz. 1899. 8.; Weimer, Laurembergs Scherzgedichte, die Art und die Zeit ihrer Entstehung. 1899. 8. — **Montreal. Numismatic and Antiquarian Society:** The Canadian Antiquarian and Numismatic Journal. Ser. III. Vol. II. Nr. 2. 3/4. 1899. 8. — **München. K. bayr. Akademie der Wissenschaften:** Sitzungsberichte der mathematisch-physikalischen Klasse. 1900. H. I. 1900. 8.; Sitzungsberichte der philologischen u. der histor. Klasse. 1900. H. I. 8.; 41. Plenarversammlung der histor. Kommission. Bericht des Sekretariats. 1900. 4.; Deutsche Reichstagsakten X, 1. 1900. gr. 8.; Abhandlungen der mathematisch-physikalischen Klasse XX, 2 u. XXI, 1. 1900. 4.; v. Orff, Über die Hülfsmittel,

Methoden und Resultate der internationalen Erdmessung. 1899. 4.; Zittel, Rückblick auf die Gründung u. die Entwickelung der k. bayerischen Akademie der Wissenschaften im 19. Jahrh. 1899. 4.; Drei Festreden: Simonsfeld, Wilhelm Heinr. Riehl als Kulturhistoriker. 1898. 4.; Furtwängler, Über Kunstsammlungen in alter u. neuer Zeit. 1899. 4.; Ranke, Die akademische Kommission für Erforschung der Urgeschichte u. die Organisation der urgeschichtlichen Forschung in Bayern durch König Ludwig I. 1900. 4. Deutsche Gesellschaft für christliche Kunst: VII. Jahres-Bericht. 1900. 8.; VIII. Jahresmappe der Gesellschaft. (1900.) 2. Herder & Co.: Historisches Jahrbuch XXI. Bd. 2. u. 3. H. 1900. 8. Prof. Dr. Karl von Reinhardstöttner: Forschungen [pg 41] z. Geschichte Bayerns. VIII. Bd. II. H. 1900. 8. Universität: Chronik f. d. J. 1899/1900. 1900. 4.; Amtliches Verzeichnis des Personals der Lehrer, Beamten u. Studierenden. W.-S. 1899/1900. (1899.) 4.; S.-S. 1900. (1900.) 4.; Bach, Über das Verhältnis von Arbeit und Bildung. Rede beim Antritt des Rektorats. 1899. 4.; Dissertationen: Adler, Die Lage der Handlungsgehilfen gemäß den Erhebungen der Kommission für Arbeiterstatistik. 1900. 8.; Bassermann-Jordan, Studien zur dekorativen Malerei der Renaissance am bayerischen Hofe. 1900. 8.; Bitterauf, Quaestiunculae criticae ad Aristotelis Parva Naturalia pertinentes. 1900. 8.; Bonn, Die Vorgänge am Edelmetallmarkte in den Jahren 1870-73. 1900. 8.; Caselmann, Karl Gutzkows Stellung zu den religiös-ethischen Problemen seiner Zeit. (II. Teil.) 1900. 8.; von Chlapowo Chlapowski, Die Belgische Landwirtschaft im 19. Jahrhundert. 1900. 8.; Daffis, Johann Jacob Engel als Dramatiker (1899) 8.; Degenhart, Lydgate's Horse, Goose and Sheep (Einleitung) 1900. 8.; Eichinger, Die Trojasage als Stoffquelle für John Gower's Confessio Amantis. 1900. 8.; Ettlinger, Zur Grundlage einer Aesthetik des Rhythmus. 1899. 8.; Flemisch, Granius Licinianus. Eine text-, sprach- u.

quellenkritische Untersuchung, o. J. 8.; Frese, Beiträge zur Beurteilung der Sprache Caesars mit besonderer Berücksichtigung des bellum civile. 1900. 8.; Gorio, die Milchwirtschaft in der Lombardei. 1900. 8.; Gotthelf, Das deutsche Altertum in den Anschauungen des 16. u. 17. Jahrh. I. Hälfte, 1900. 8.; Grumbine, An Introduction to »the Misfortunes of Arthur«. 1900. 8.; Haitz, Hermann Schedels Weltchronik. 1899.8.; Hermann, Die Handelsbeziehungen Deutschlands zu seinen Schutzgebieten. 1899. 8.; Hohenemser, Welche Einflüsse hatte die Wiederbelebung der älteren Musik im 19. Jahrh. auf die deutschen Komponisten? 1900. 8.; Kalb, De duo deseptuagesimo carmine Catulli. 1900. 8.; Kraussold, Die politischen Beziehungen zwischen Deutschland u. Frankreich während der Regierung Heinrichs VII. 1899. 8.; Leidig, Quaestiones Zosimeae. 1900. 8.; Lermann, Athenatypen auf Griechischen Münzen. 1900 8.; List, Die Interessen der Deutschen Landwirtschaft im Deutsch-Russischen Handelsvertrag 1894. 1900. 8.; Lory, Die Anfänge des bayerisch-pfälzischen Vikariatsstreites. Zwei Jahre reichsständischer Politik. 1657/59. 1899. 8.; Mubert; Pierre Corneille auf der englischen Bühne u. in der englischen Übersetzungs-Literatur des 17. Jahrh. 1899. 8.; Pernaczynki, Die Eisenbahntarife u. Wasserfrachten für Getreide u. Mehl in der Provinz Posen, ihre Geschichte u. ihre Wirkungen. 1900. 8.; Pfefferkorn, Gelände-Erwerbungen des Grossh. Badischen Domänenärars auf dem Hohen Schwarzwalde. 1900. 8.; v. Renauld, Edler von Kellenbach, Die Oberschlesische Eisenindustrie u. ihre Absatzbedingungen. 1900. 8.; Rosenlehner, Die Stellung der Kurfürsten Max Emanuel von Bayern u. Joseph Klemens von Köln zur Kaiserwahl Karls VI. (1711) 1899. 8.; Schindele, Beiträge zur Metaphysik des Wilhelm von Auvergne. 1900. 8.; Schlelein, De epistolis, quarum fragmenta in Corneli Nepotis libris traduntur, Corneliae, Gracchorum matri, vindicandis. 1900.

8.; Schoelkens, Das Erbrecht u. die Bodenverteilung in Frankreich vor u. nach der Revolution. o. J. 8.; Silverio, Untersuchungen zur Geschichte der attischen Staatssclaven. 1900. 8.; Frhr. v. Steffens-Frauweiler, Der Agrarsozialismus in Belgien. 1900. 8.; Trefz, Ortsstatut u. Bedürfnisfrage beim Münchener Wirtsgewerbe. 1899. 8.; Truttmann, Das Konklave auf dem Konzil zu Konstanz. 1899. 8.; Vassits, Die Fackel in Kultus u. Kunst der Griechen. 1900. 8.; Vogt, Der Buchtitel in der römischen Poesie. 1900. 8.; von Weryho, Die Getreide- und Mehl-Eisenbahntarife im letzten Decennium (1889-1900). 1900. 8.; Will, Das Koalitionsrecht der Arbeiter in Elsaß-Lothringen. 1899. 8.; Wittmann, Die Stellung des hl. Thomas von Aquin zu Avencebrol (Ibn Gebirol). 1899. 8.; 3 anthropologische, 3 zoologische, 1 botanische, 3 geologische, 12 physikalisch-mathematische, 21 chemische, 3 juristische Dissertationen. — **Münster i. W.** Kgl. Akademie: Dissertationen: Dzialowski, Isidor u. Ildefons als Litterarhistoriker. 1898. 8.; Reinke, Frankreich u. Papst Johann XXIII. 1900. 8.; Reitter, Der Glaube an die Fortdauer des römischen Reiches im Abendlande während des 5. u. 6. Jahrhdts., dargestellt nach den Stimmen der Zeit. 1900. 8. — **Philadelphia.** Free museum of science and art: Bulletin vol. II, 3 u. 4. 1900. 8. — **Prag.** Lese- und Redehalle der Deutschen Studenten: Bericht üb. d. J. 1899. 1900. 8. Verein f. Geschichte d. Deutschen in Böhmen: Mitteilungen XXXVIII. Jahrg. Nr. I-IV. 1899-1900. 8. — **Reval.** Esthländische Literarische Gesellschaft: Beiträge zur Kunde Est-, Liv- u. Kurlands.[pg 42] Bd. V, H. IV. 1900. 8. — **Riga.** Gesellschaft f. Geschichte u. Altertumskunde der Ostseeprovinzen Rußlands: Sitzungsberichte a. d. J. 1899. 1900. 8.; Mitteilungen aus d. Gebiete der Geschichte Liv-, Est- u. Kurlands. 1900. 8. — **Rostock.** Landes-Universität: Verzeichnis der Behörden, Lehrer, Beamten, Institute u. Studierenden. W.-S. 1899/1900. S.-S.

1900. 1899-1900. 8.; Verzeichnis d. Vorlesungen. W.-S. 1899/1900. S.-S. 1900. 1899-1900. 4.; v. Arnim, De Aristonis peripatetici apud Philodemum vestigiis (1900). 4.; Bernhöft, Das 19. Jahrh. als Vorläufer einer neuen Bildungsstufe. 1900. 8.; Kern, inscriptiones Thessalicae. (1900.) 4. Dissertationen: Benner, Poetik W. Scott's in seiner »Lady of the Lake« mit Hinweisen auf Byron's Siege of Corinth u. Burns' Poems. 1899. 8.; Blumenhagen, Sir Walter Scott als Übersetzer. 1900. 8.; Crull, Thomas Shadwell's (John Ozell's) u. Henry Fielding's Comoedien »The Miser« in ihrem Verhältnis unter einander und zu ihrer gemeinsamen Quelle. 1899. 8.; Griessinger, Der Römerzug Kaiser Heinrichs III. i. J. 1046. 1900. 8.; Grohmann, Herders Nordische Studien. 1899. 8.; Kabelmann, Joseph Addison's litterarische Kritik im »Spectator«. 1900. 8.; Maire, De Diodoro Siculo Valerii Maximi auctore. 1899. 8.; Müller, The Monikins von J. F. Cooper in ihrem Verhältnis zu Gulliver's Travels von J. Swift. 1900. 8.; Naumann, Die Geschmacksrichtungen im englischen Drama bis zur Schließung der Theater durch die Puritaner nach Theorie u. Praxis d. Dichter charakterisiert. 1900. 8.; Ohnsorg, John Lacy's »Dumb Lady«, Mrs. Susanna Centlivre's, »Love's Contrivance« und Henry Fielding's »Mock Doctor« in ihrem Verhältnis zu einander und zu ihrer gemeinschaftl. Quelle. 1900. 8.; Schoenfeld, Das Pferd im Dienste des Isländers zur Saga-Zeit. 1900. 8.; Weidemann, Roger Ascham als Pädagoge, o. J. 8.; Witt, The Tempest, or The Enchanted Island. A Comedy by John Dryden. 1670. The Sea-Voyage. A Comedy by Beaumont and Fletscher. 1647. The Goblins Tragi-Comedy by Sir John Suckling 1646, in ihrem Verhältnis zu Shakspere's »Tempest« u. den übrigen Quellen. 1899. 8.; ferner 18 jurist. Dissertationen. — **Salzwedel.** Altmärkischer Verein für vaterländische Geschichte u. Industrie: Jahresbericht, 27. Abteil, für Geschichte. 1900. 8. — **Schaffhausen.** Historisch-antiquarischer Verein:

Beiträge zur Vaterländischen Geschichte. H. 7. 1900. 8. —
Speier. Historischer Verein der Pfalz: Mitteilungen.
XXIV. 1900. 8. — **Strassburg i. E.**
Universitätsbibliothek: Kaufmann, Die
Reunionskammer zu Metz. 1899. 8. — **Straubing.**
Historischer Verein: Jahresbericht, 2. Jahrg. 1899.
1900. 8. — **Toronto.** The Canadian Institute:
Transactions, Vol. VI, Parts 1 and 2, December 1899. 8. —
Washington. National academy of sciences:
Memoirs Vol. VIII, 4. 1899. 2. Smithsonian
institution: Report 1897. 1899. 8. — **Wernigerode.**
Harz-Verein für Geschichte u.
Altertumskunde: Zeitschrift 33. Jahrg. 1. Hälfte. 1900. 8.
— **Wien.** Verein f. Landeskunde in
Niederösterreich: Blätter N. F. XXXIII. Jahrg. Nr. 1-12.
1899. 8.; Starzer, Topographie v. Niederösterreich. V. Bd. IV,
7-9. 1899. 8.

Ankäufe.

Johannes Nyder, tractatus de morali lepra. 1476. 2. Die
duythsche euãgeliẽ epistolen vnd lectiẽ mit der glosẽ doir dat
gantze iaier. 1489. 2. Johannes Nider, Preceptorium diuine
legis. 1496. 4. Hieronymus Emser, Dialogismus ... de origine
propinandi ... 1505. 4. Geiler von Kaisersberg, Das Schiff der
penitentz. 1514. 2. Epitome Andree Carolostadij de impij
iustificatione. 1519. 4. Geiler, De arbore humana. 1519. 2.
Wentzesjaus Linck, wie der grobe mensch unsers herren
Esel sein sol. 1519. 4. Bedingung: Andres Bodenstein von
Carolstat: Doctor vnd Archidiacon zu Vuittenberg. 1520. 4.
Von bepstlicher heylickeit: Andres Bodenstein von Carolstat
Doctor. 1520. 4. Johan Eberlin von Gintzburgk, Võ
misbrauch Christlicher freyheyt. 1522. 4. Caspar Guethell,
Schutzrede widder etzliche vngetzembdte freche Clamanten.

1522. 4. Caspar Güthel, Dialogus oder gesprechbüchleyn wie Christlich vñ Euangelisch z[u ring] leben. 1522. 4. Predig oder homilien vber den prophetē. Malachiam genant. Andres Bo. von Carolstatt. In der Christlichen statt Wittemberg. 1522. 4. Steffan Castenbaur, Ain köstlicher g[u ring]tter notwendiger Sermon | vō Sterbē. 1523. 4. Drey g[u ring]t vñ nutzlich Sermon gepredigt ... durch Johannem Diebolt z[u ring] Vlm ... 1523. 4. Jakob Fuchs, von vereelichten geystlichen personen. 1523. 4. Dasselbe, andere Ausgabe. 1523. 4. Caspar G[u ring]tel, Von Euangelischer allerbestendigsten [pg 43] Warhait. 1523. 4. Creutz Biechlinn oder ermanung des wolgebornen Herrn Sigmunden den Grauen von Hohenloe. 1525. 4. Johannes Eberlin, Wider die schender der Creaturen gottes | durch Weyhē | oder segnen | ... 1522. 4. Opervm Helii Eobani Hessi farragines duae. 1539. 8. Caspar Güttel, Ein Sermon ... Auff dem Gottsacker zu Eisleuben gethan. Mit einer Vorrede D. Mart. Luth. 1541. 4. Ein gespräch Luciani | Ob man der Zawberey | vnnd Polder | gaystern glauben soll | ... Durch Hieronymum Ziegler transferiert 1545. 4. Joann. Gotlib, Zwey künstliche vnnd verstendige Buchhalten etc. 1546. 4. Ein schön new gemacht Lied | z[*°u] lob vnnd Er von Gott auffgesetzter Obrigkait. 1547. 8. Homeri Iliados, de rebvs ad Troiam gestis, libri XXIII, nuper latino carmine elegantiß: redditi, Helio Eobano Hesso interprete. 1549. 8. Ein new Lied Wie die Predicanten der Statt Augspurg geurlaubt vnnd abgeschafft seind worden. 1551. 8. Martini Crvsii poemation de Svsanna Helciade, Graece et latine. 1555. 4. Novvm et insigne opvs mvsicvm. 1558 qu. 8.: Discantvs, Bassvs, Sexta vox, Vagans. Gueuarra, Der Hofleut Wecker 1582. 8. L. V. C., Ritterliche ReutterKunst. Mit Holzschnitten von Jost Amman. 1584. 2. Der post Reutter. 1590. 4. Die Rotwelsche Grammatic ... Das ist: Ein anleitung vnnd Bericht der Landtfahrer | v[=n] Bettler sprach | 1590. 8. Anleittung, Kurtze vnd einfeltige — | Wie man eine Christliche Ehe werben vnd zusagen | ... sol. 1591. 4. Franciscus Fev-Ardentius, Theomachia Calvinistica. 1604. 2. Paulus Kihnstock, Newe Zeitung von Berlin in zweyen Christlichen Gesprechen. 1614. 4. Johannes de Brunes, Emblemata of Zinne-werck voorghestelt. 1624. 4. Der Newe Starenstecher. 1629. 4. Zwey schöne Newe Lieder. 1629. 4. Freydanck, Warumb bistu Catholisch worden? 1630. 4. Nachtbawer hüet dich. (1630.) 8. Guevara, Cortegiano. Das ist der rechte wolgezierte Hofmann. 1635. 8. Nugae venales sive thesaurus ridendi et jocandi. 1648. 12. Facetiae Facetiarvm. 1657. 12. Andreas Klett, Neu-vermehrtes Frenchir-Büchlein. 1657. qu. 8. Marl, Jura poculorum. Jenae 1669. Jus Potandi od. Zech-Recht. 1675. kl. 8. Marperger, Histor. Kauffmann. 1708. 8. Eigentliche Abbildungen der zu Paris u. Versailles sich befindlichen vornehmsten Prospecte, Statuen u. kostbaren Wasserkünste. 1751. 4. Codex probationum diplomaticus. Bambergae (1774). 2. Kindertheater des 18. Jahrh. 1777-79. Grohmann, J. G., Ideenmagazin für Liebhaber v. Gärten etc. Bd. I-IV. 1796-1802. gr. 4. A-B-C u. Lese-Buch für folgsame Kinder. 1832. 8. Hrch. Welcker von Gontershausen, Der Flügel, oder die Beschaffenheit des Piano's in allen Formen. 1856. 4. H. Ritter, Die Geschichte die Viola Alta. 1877. 8. Lewis F. Day, Art in needle work. 1900. 8. Goethe's Werke, Weimarer Ausgabe, I. Abt., 45. Bd. 1900. 8. Hans Graeven, Frühchristliche u. mittelalterl. Elfenbeinwerke. Nr. 1-80. Rom 1900. 8. (2 Ex.) Grimm, Deutsches Wörterbuch X, 4. 1900. 8. Kunsthistorische Gesellschaft für photographische Publikationen. 6. Jahrg. 1900. 2. Lobe deß Esels durch Henricum Cornelium Agrippam inn Latein Beschriben | von Sebastian Francken verteutscht. o. J. 4. Ain nützlichs büchlin von der speis der menschñ. ... o. O. u. J. 8. Schulz, Kleines Magazin von Reisen Bd. 1-4. o. J. 8. Weigel, Ethica naturalis. o. J. 4.

Heyer von Rosenfeld'sche Stiftung: Henninges, Genealogiae aliqvot familiarvm nobilivm in Saxonia. 1590. 2. Bernardo Givstinian , Historie chronologiche dell' origine degli ordini militari e di tutte le religioni cavalleresche. 1692. 2. Revue historique nobiliaire et biographique. 17. Bde. 1862-80. 8. Rob. Coltmann Clephan, The defensive armour. 1900. 8. de Raadt, Sceaux armoriés des Pays-Bas et des pays avoisinants. III, 3. 1900. 8. de Renesse, Dictionnaire des figures heraldiques V, 5. Brüssel 1900. 8. Ludwig Schoenhaupt, Wappenbuch der Gemeinden des Elsaß. Lief. 15-20. 1900. 2. Max von Spiellen, Wappenbuch des westfälischen Adels. Lfg. 7 u. 8. (1900.) 4. Knussert, Orden, Ehren- u. Verdienst-Zeichen, Denk- u. Dienstalters-Zeichen in Bayern, o. J. 2.

PERSONALIEN.

Durch Ministerialentschließung vom 21. Juli c. Nr. 13193,
wurde der Assistent an der königl. Maria-Theresia-
Kreisrealschule München Dr. Richard Grundmann
vom 1. Oktober an zum Assistenten am germanischen
Nationalmuseum ernannt.

Der Praktikant Dr. Karl Simon trat am 1. September
aus dem Dienste des Museums, um seiner Militärpflicht
Genüge zu leisten.

[pg 44]

Geschnittemer,
gepunzter und
getriebener
Ledereinband mit
dem
Löffelholz'schen
Wappen. 15.
Jahrhundert. Im

Germanischen
Museum zu
Nürnberg

* * * * *

Herausgegeben vom Direktorium des germanischen
Museums.
Abgeschlossen den 13. Oktober 1900.
Für die Schriftleitung verantwortlich: G u s t a v   v o n
B e z o l d.

[pg 45]

1900. Nr. 4. Oktober-Dezember.
ANZEIGER
DES
GERMANISCHEN
NATIONALMUSEUMS.

CHRONIK DES GERMANISCHEN MUSEUMS.

NEU ANGEMELDETE JAHRESBEITRÄGE.

Seine k. u. k. apostolische Majestät Kaiser Franz Joseph von Österreich hat die uns seit längerer Zeit bewilligten Jahresbeiträge, nämlich 1000 m. für allgemeine Zwecke des Museums und 1000 m. zur Beschaffung von Denkmälern des Hauses Habsburg-Lothringen, auch noch für das Jahr 1900 allergnädigst zu bewilligen geruht.

Ferner wurden uns an Jahresbeiträgen zugesagt:

Von Stadtgemeinden: Gundelfingen 4 m. **Herzogenaurach** 3 m. **Marienwerder** 10 m. **Metzingen** 6 m. **Mülheim a. d. Ruhr** 10 m. **Neustadt** (Mecklenburg) 6 m. **Neustadt** (O.-Schl.) 10 m. **Nossen** 6 m. **Oberhausen** (Markt) 3 m. **Odenkirchen** 5 m. **Oppenheim** 5 m. **Osterburg** 3 m. **Pinneberg** 5 m. **Pirna** 10 m.

Von bayrischen Distriktsräten: Altdorf 10 m. (Wiederbewilligung.) **Ansbach** 10 m. **Berneck** 5 m. **Dillingen** 10 m. **Fürth** 20m. **Klingenberg a. M.** 10 m. **Miltenberg** 20 m. **Prien** 10 m. **Sesslach** 5 m.

Von Vereinen, Korporationen etc.: Cöthen. Verein für Anhaltische Geschichte 3 m. **Kronach.** Bayer. Bezirkslehrer-Verein 3 m.

Von Privaten: Altdorf. Albrecht, Seminarhilfslehrer, 1 m.; Beck, Seminarhilfslehrer, 1 m.; Düll, Lehrer in Unterrieden 2 m.; Hausladen, kgl. Oberamtsrichter, 3 m.; Hirschmann, kgl. Seminarlehrer, 2 m.; Hofmann, Lehrer, in Pühlheim 1 m.; Maar, Präparandenlehrer, in Kusel 2 m.; Jacob Zantner, Bürgermeister, 2 m. **Amberg.** Michael Rall, (statt bisher 2 m.) 3 m. **Annaberg.** Wildenhelm 2 m. **Annweiler.** J. M. Fauner, kgl. Studienlehrer, 2 m.; H. Maurer, kgl. I. Pfarrer, 1 m. **Ansbach.** Bachmann, Kommerzienrat, Fabrikbesitzer, 5 m.; Buße, Fabrikbesitzer, 3 m.; Castner, Konsistorialrat, 4 m.; Dr. Dreisch, Stabsarzt a. D., 3 m.; Greiner, Regierungsrat, 2 m.; Jordan, Regierungsrat, 3 m.; Dr. Lahner, prakt. Arzt, 3 m.; Müller, Gewerbehalle-Verwalter, 2 m.; Otto Öchsler, Fabrikbesitzer, 3 m.; Ohr, Kaufmann, 3 m.; von Parseval, Landgerichtsrat, 3 m.; Pfeiffer, Glasermeister, 3 m.; Popp, Baumeister, 3 m.; Rutz, kgl. Bezirksamts-Assessor, 3 m.; Freiherr v. Schintling, Regierungsrat, 3 m.; Schlier, Landgerichts-Sekretär, 3 m.; Schnizlein, Amtsgerichts-Sekretär, 2 m.; Sebastian, kath. Stadtpfarrer, 3 m.; Spatny, Rechnungs-Kommissär, 3 m.; Steinlein, Pfarrer, 3 m.; von Wachter, Landgerichts-Präsident, 3 m.; Weidner, Regierungsrat, 2 m.; Dr. Würdinger, Oberstabsarzt, 3 m. **Arnsberg.** Dröge, Landrat, 3 m.; Ludwig Lambiotte, Fabrikant, in Brüssel 3 m.; v. d. Osten Landrat, 3 m. **Arnstadt.** Dr. Herthum, Oberlehrer, 1 m.; Hermann Hofmann, Fabrikant, 1 m.; Benjamin Kiesewetter, Kaufmann, (statt bisher 1 m.) 2 m.; Kirchner, Hofapotheker, 2 m.; Knippenberg, Kommerzienrat, 5 m.; Kortmann, Kommissionsrat (statt bisher 1 m.) 2 m.; Siefert, Strafanstaltsdirektor, in Ichtershausen 1 m. **Aurich.** Kaempffe, Major a. D., 3 m. **Backnang.** Dr. Franz, Kameralverwalter, 1 m.; Imle, Rechtsanwalt, 1 m.; Dr. Pfander, Amtsrichter, 1 m.; Stahl, kaiserl. Bankvorstand, 2 m.; Zeller, Dr. med., 1 m. **Baden-Baden.** Eckerle, Lehramtspraktikant, 1 m.; Lauer, Zeichenlehrer, 2 m.; Dr.

Popp, 1 m.; Dr. Stoff, Stadtvikar, 3 m. **Berlin.** Dr. Georg Brudi, 10 m.; Frz. Elsasser, Prediger, 10 m.; Theodor Henning, Architekt, 10 m.; Hinckeldey, Oberbaudirektor, 10 m.; Albert Hofmann, Redakteur, 10 m.; Albert March, Fabrikbesitzer, in Charlottenburg 10 m.; F. Schultze, Landbauinspektor, 10 m.; Max Schultze, Kaufmann, 10 m.; Walther, Regierungsbaumeister, [pg 46] 10 m. **Bochum.** Umbach, Töchterschullehrer, 1 m.; Bluth, Stadtbaurat, 3 m.; Kniebe, Töchterschullehrer, 1 m.; Simson, kgl. Landrichter, 15 m.; Stottuth, Stadthauptkassen-Rendant 2 m. **Bromberg.** Dr. Baumert, Oberlehrer, 1 m. 50 pf.; Jakob, Apothekenbesitzer, 2 m. **Bunzlau.** Otto Fernbach, jr., 3 m.; Ernst Heinecke, Maler u. Fachlehrer a. der keram. Fachschule, 2 m.; Dr. Pukall, Direktor der keram. Fachschule, 3 m.; Waldeyer, Bildhauer, Fachlehrer, 2 m. **Chemnitz.** Hans Vogel, Kaufmann, 5 m. **Dachau.** Eduard Engert, kgl. Amtsrichter, 2 m.; Anton Mayer, jr., Zimmermeister, 2 m.; Franz Multerer, kgl. Eisenbahnoberexpeditor und Stationsvorstand, 2 m. **Darmstadt.** Kofler, Hofrat, 3 m. **Dünkelsbühl.** Dr. Jos. Brunner, Lehramtsassistent, 2 m.; A. Pfaff, k. Reallehrer, 2 m. **Dresden.** Hahn, kgl. sächs. Geh. Kommerzienrat, 20 m. **Durlach.** Meyer, Stadtpfarrer, 2 m.; Protscher, Arzt, 2m.; Fritz Schmidt, Fabrikant, 2 m.; Emil Schweickert, Prof., 1 m. **Eisenach.** Schäffer, Frau, Ingenieur, 3 m. **Ellingen.** Dr. Lauk, prakt. Arzt, 1 m.; Schönhuber, Stadtkaplan, 1 m. **Feucht.** Lehner, Bezirkstierarzt, in Parsberg 1 m. (ab 1899). **Freiberg.** Horschig, Kommerzienrat, 3 m. **Gerabronn.** Krafft, Stadtschultheiß, 2 m.; Otterbach, Dr. med., in Niederstetten 1 m.; Ragg, fürstl. Assessor, in Bartenstein 1 m.; Schaller, Apotheker, in Langenburg 1 m.; Weihenmaier, Amtmann, 1 m.; Wellhäuser, Postexpeditor, in Langenburg 1 m. **Görlitz.** von Koschitzky, Hauptmann a. D., 1 m. (von 1898) ab); von Rabenau, Dr. phil., 1 m. (ab 1899). **Hagen i. Westf.** Westerfrölke, Oberlehrer, 3 m. **Halberstadt.** Dr. Öhler,

I. Bürgermeister, 3 m. **Hall (Schwäb.).** Hauber, Stadtschultheiß, 2 m. **Heilsbronn.** Eduard Abendroth, kgl. Rentamtmann, 1 m.; Ebner von Eschenbach, Frhr., kgl. Amtsrichter, 2 m. **Hermannstadt.** H. Horedt, stud. chem. et ph., 2 m. **Jena.** Dr. L. Knorr, Professor, 10 m.; A. Leitzmann, Dr., Professor, 3 m.; Maurer, Garteninspektor, 3 m.; Dr. Pauly, Fabrikdirektor a. D., 10 m.; Dr. M. v. Rohr, 3 m.; Dr. Schlösser, Privatdozent, 10 m.; Dr. O. Schott, Chemiker, 6 m.; Dr. Lucas Siebert, Medizinalrat, 5 m.; Dr. Steinhausen, Univ.-Bibliothekar, 3 m.; Dr. Stintzing, Hofrat, Professor, 3 m.; Dr. H. Stoy, Institutsdirektor, 3 m.; Dr. M. Strupp, Rechtsanwalt, 6 m.; Geh. Justizrat Unger, Oberlandesgerichtsrat, 5 m.; Wilh. Winkler, Privatgelehrter, 5 m.; Dr. Zeiss, Justizrat, 6 m.; Carl Zeiss, Firma, 100 m. **Karlsruhe.** Gerh. Peltzer 2 m. **Karlstadt.** Dr. Schmitt, kgl. Bezirksamtsassessor, 2 m. **Kaufbeuren.** Jul. Erzberger, k. Notar, 3 m.; Gustav Kahr, kgl. Bezirksamtmann, 2 m.; Dr. Linder, prakt. Arzt, 2 m.; Josef Moosmang, Großhändler, 2 m.; H. Schwarz, Steinmetzmeister, 1 m.; Seebrecht, Direktor, 2 m.; Peter Wahl, Brauereibesitzer, 2 m. **Klingenmünster,** Dr. Friedrich Gerhard, Assistenzarzt, 1 m. **Kronach.** Hrch. Schuster, kgl. Brandversicherungsinspektor, 3 m; Vogtmann, kgl. Gerichtsvollzieher, 1 m.; Herm. Rud. Voigt, Fabrikbesitzer, 3 m. **Kronstadt.** Franz Hiemesch, Bürgermeister, 1 Kr. **Landau i. Pf.** Dr. Wilhelm Wunderer, Gymnasialprofessor, 2 m. **Lauf.** Christian Heckel, kgl. Oberamtsrichter, 2 m.; Carl Röder, Apotheker, 2 m.; Kilian Schipper, kgl. Forstmeister, in Behringersdorf 2 m. 50 pf.; Dr. Steinel, prakt. Arzt, 2 m.; Fr. Studtrucker, kgl. Pfarrer, in Rückersdorf 3 m. **Leipzig.** Arthur Dimpfel, Kaufmann, (statt bisher 5 m.) 10 m.; Theodor Naumann, Buchdruckereibesitzer, 3 m. **Mainz.** David Reiling, Antiquitätenhändler, 10 m. **Mergentheim.** Müller, Oberreallehrer, 2 m. **München.** Heinrich Frauendorfer, kgl. Ministerialrat, 5 m.; Dr. Gg. M. Jochner, Geh. Haus- u.

Staatsarchivar, 3 m.; Theo Streicher 5 m.; Felix Weingartner 10 m. **Neckarsulm.** Emil Frank, Fabrikant, 2 m.; Otto, Fabrikant, 2 m. **Nordhausen.** E. R. Förstemann, Rentner, 3 m.; Schnause, Brauereidirektor, 2 m. **Nürnberg.** Dr. Pöhlmann, Hilfsgeistlicher, 3 m. **Ohrdruff.** Ferd. Braun, Dr. phil., Professor, (statt bisher 2 m.) 4 m. **Passau.** Wasner, kgl. Gymnasiallehrer, 3 m. **Prag.** Norbert Benedikt, Privatier, in Wien 10 Kronen; Max Feilchenfeld, Privatier, in Wien 20 Kronen; Comtesse Elise Kaunitz, Private, in Wien 10 Kronen; Wilhelm Ritter von Kubinzky, Herrschaftsbesitzer, in Trpist 10 Kronen; Karl Thorsch, Bankier, 10 Kronen; Dr. Ottokar Weber, Universitätsprofessor, 6 Kronen. **Rastatt.** Bodenheimer, Lehramtspraktikant, 2 m.; Dürr, Professor, 2 m.; Hertig, Forstassessor, 3 m.; Kronenwerth, Buchhändler, 3 m.; Lehn, Professor, 3 m.; Reinig, Lehramtspraktikant, 2 m.; Schopfer, Lehramtspraktikant, 2 m.; Strauß, Apotheker, 3 m.; Wolf, Referendar, in Sinzheim 3 m.; Wörner, Lehramtspraktikant, 2 m. **Bad Reichenhall.** Dr. Sigismund Goldschmidt, prakt. Arzt, 2 m. **Roth a. S.** Max Deininger, kgl. Notar, 2 m.; Jos. Spörer, Apotheker, 2 m.; Ludwig Wohlfarth, kgl. Amtsrichter, 2 m. **Rottweil.** Dopfei, Staatsanwalt-Stellvertreter,[pg 47] 1 m.; Dr. med. Fischer, 1 m.; von Fischer-Weikersthal, Oberstleutnant, 2 m.; Günther, Professor, 1 m.; Kuttroff, Oberstleutnant a. D., 2 m.; Wagner, Professoratsverweser, 2 m.; **Rudolstadt.** Dr. Rein, Oberlehrer, 2 m. **Saalfeld.** Karl Schmidt, Bankier, 3 m. **Schleiz.** Dr. Roland Köhler, Gymnasialoberlehrer, 1 m. **Schlüchtern.** Fladung, Progymnasiallehrer, 1 m.; Hattendorff, Pfarrer, 1 m.; Müller, Progymnasiallehrer, 1 m.; Leo Stern 1 m. 72 pf.; Striedinger, Lehrer, 1 m.; Wiedemann, Rentmeister, 1 m. **Schwabach.** E. Bittler, Apothekenprovisor, 1 m.; Gerner, kgl. Rentamtmann, 2 m.; Haußler, kgl. Bezirkstierarzt, 1 m.; Fr. Müller, Privatier, 2 m.; G. Rosenhauer, Apotheker, 2 m.; Rich. Saalfeld, Baumeister, 1 m.; Schertel, kgl. Bahnverwalter, 1 m.; L. Schrenk,

Rentamtsoffiziant, 1 m.; Dr. Schrenk, kgl. Notar, 2 m.; Stampf, kgl. Postmeister, 2 m.; Stef. Vogelreuther 1 m.; H. Weber, Fabrikbesitzer, 3 m. **Sonneberg.** Heinrich Horn, Fabrikbesitzer, 5 m. **Sulz a. N.** Buob, Salineninspektor, 1 m.; Pflanz, Kameralverwalter, 1 m. **Sulzbach.** Schießl, Apotheker, 3 m. **Tauberbischofsheim.** Stölcher, Zeichnenlehrer am Gymnasium, 2 m. **Thalmässing.** Gruber, Dekan, 2 m.; Franz Xaver Held, Lehrer, in Großweingarten 1 m. **Traunstein.** Esenwein, Kaufmann, 5 m. **Vaihingen a. E.** Eisele, Rechtsanwalt, 2 m. **Vilbel.** Braun, Rektor, 2 m.; Eylau, Gerichtsaccessist, 1 m.; Jüngling, Gerichtsaspirant, 1 m.; Mierse, Stationsvorstand, 1 m.; Dr. Müller, Veterinärarzt, 2 m.; Wittmer, Gutspächter, Dettenfelder Hof, 2 m. **Vohenstrauss.** Otto Maurer, Apotheker, 2 m. **Waldheim.** Moritz Gaitzsch, 2 m.; Carl Günther 2 m.; Dr. Hübschmann, Bürgermeister, 2 m.; Oehmigen, Amtsrichter, 3 m.; Paul Weißker 2 m. **Werdau.** Dr. Gehre, Professor, Realschuldirektor 3 m. **Wesel.** Kroeger, Oberleutnant im Inf.-Reg. Nr. 56, 3 m. **Worms.** J. Mannheimer, Kaufmann, 1 m. **Wunsiedel.** Dr. Behringer, kgl. Forstmeister, 2 m.; Filding, kgl. Brandversicherungsinspektor, 1 m.; Pöhlmann, kgl. Bezirkstierarzt, 1 m.; Reger, kgl. Realschulassistent, 1 m.; Sander, kgl. Gymnasiallehrer, 1 m.; Speth, kgl. Bezirkamtsassessor, 2 m.; 2 m.; Wolbert, kgl. Realschul-Assistent, 1 m. **Zwickau.** Tschöltzsch, Direktor, 3 m.

EINMALIGE GELDGESCHENKE.

Altdorf. Eduard Freiherr von Stromer, in Grünsberg 3 m. **Bochum.** Baare, kgl. Kommerzienrat, Generaldirektor, 100 m. **Durlach.** Emil Daler, Rentner, 5 m. **Jena.** Fürbringer, Geh. Hofrat, 10 m. **Löwenberg** (Schlesien) 5 m. **Saalfeld.** Barloesius, Fabrikbesitzer, 10 m.

PFLEGSCHAFTEN.

Durch Tod, Domizilwechsel oder aus gesundheitlichen und anderen Rücksichten der Herren Pfleger veranlaßt, erledigten sich im Jahre 1900 die Pflegschaften für **Basel:** Ph. Trüdinger-Nusser, Kaufmann, Pfleger seit 31. Dezember 1897; **Bayreuth:** Dr. L. Casselmann, rechtskundiger Bürgermeister, Pfleger seit 11. Mai 1892; **Chemnitz:** Fedor Wiesbach, Amtsgerichts-Referendar, Pfleger seit 21. August 1880; **Döbeln:** G. Wätzig, Brandversicherungs-Inspektor, Pfleger seit 15. April 1898; **Eggenfelden:** Dr. Leopolder, kgl. Bezirksarzt, Pfleger seit 27. November 1894; **Eisfeld:** Constantin Hoffmann, Ökonomierat und Rittergutsbesitzer in Steudach, Pfleger seit 11. April 1879; **Erfurt:** Kortüm, Baurat, Pfleger seit 24. März 1900; **Essen:** Löbbecke, kgl. Eisenbahnbau- und Betriebsinspektor, Pfleger seit 25. Novbr. 1898; **Görlitz:** Ludwig Feyerabend, Oberlehrer u. Institutsvorsteher, Pfleger seit 17. November 1896; **Halberstadt:** Dr. Zschiesche, Pastor, Pfleger seit 14. Dezember 1896; **Hamm:** Dr. Ohly, Oberlehrer, Pfleger seit 14. Mai 1895; **Heiligenstadt:** J. Caspar Grothof, Professor, Pfleger seit 29. Mai 1872; **Hildesheim:** Fr. Küsthardt, Professor u. Bildhauer, Pfleger seit 18. Oktober 1879; **Höchst a. M.:** A. Linder, Lehrer, Pfleger seit 9. November 1893; **Jena:** Dr. Rudolf Gaedechens, Geh. Hofrat u. Professor, Pfleger seit 18. Februar 1885; **Iserlohn:** Julius Baedeker, Verlagsbuchhändler, Pfleger seit 19. März 1899; **Kempten:** Ludwig Huber, Buchhändler u. Buchdruckereibesitzer, Pfleger seit 19. Januar 1871; **Lauterbach:** G. W. Wenzel, Kommerzienrat, Pfleger seit 10. Juni 1860; **Lohr:** Karl Pöhlmann, kgl. Bezirksamtsassessor, Pfleger seit 26. September 1895; **Müllheim:** A. Haaß, Professor, Vorstand der höheren Bürgerschule, Pfleger seit 12. Oktober 1887; **Münchberg:** Hermann Müller, Fabrikant, Pfleger seit 8.

September 1897; **Münster:** Dr. Th. Ilgen. Archivar, Pfleger seit 30. Oktober 1891; [pg 48] **Neuburg a. D.:** Sigm. Vielwerth, Ingenieur, Pfleger seit 6. März 1879; **Neustadt a. A.:** Heinrich Seyboth, Kaufmann, Pfleger seit 20. September 1888; **Pegnitz:** Friedrich Seßner, kgl. Pfarrer, Pfleger seit 1. Juni 1894; **Rastatt:** Hermann Breunig, großh. Professor, Pfleger seit 21. August 1881; **Rendsburg:** Hugo Heusel, Apotheker, Pfleger seit 22. Nov. 1895; **Riedlingen:** A. Johner, Verwaltungs-Aktuar, Pfleger seit 25. Juli 1896; **Scheinfeld:** Carl Pfeiffer, Stadtschreiber, Pfleger seit 28. August 1886; **Stargard i. Pommern:** Dr. Reinhold Dorschel, kgl. Professor, Pfleger seit 8. Oktober 1873; **Stralsund:** Dr. Rudolf Baier, Bibliothekar, Pfleger seit 30. Jan. 1870; **Vegesack:** Hermann Danziger, Kaufmann, Pfleger seit 23. März 1884; **Wismar:** Dr. Kuthe, Gymnasialoberlehrer, Pfleger seit 24. Januar 1879; **Würzburg:** Franz Herold, Kommerzienrat, Pfleger seit 25. November 1899.

Neu besetzt wurden die Pflegschaften:

Basel. Pfleger: Dr. G. W. A. Kahlbaum, Professor. **Bayreuth.** Pfleger: Burkhard Steingräber, Hofpianofortefabrikant. **Chemnitz.** Pfleger: Hans Vogel. **Eggenfelden.** Pfleger: Dr. Arnold, kgl. Bezirksamtsassessor. **Essen.** Pfleger: Hamm, kgl. Regierungsbaumeister. **Görlitz.** Pfleger: v. Koschitzky, Hauptmann a. D. **Halberstadt.** Pfleger: Arndt, Prediger a. d. St. Moritzkirche. **Jena.** Pfleger: Dr. Eugen Wilhelm, Professor. **Kempten.** Pfleger: Kellenberger, Rechtsrat. **Lauterbach.** Pfleger: W. Wenzel, Fabrikant. **Lohr.** Pfleger: Georg Siebenhaar, Gymnasiallehrer. **Müllheim.** Pfleger: Dr. Bock, prakt. Arzt. **Münchberg.** Pfleger: Hermann von Fürer, kgl. Bezirksamtmann. **Münster.** Pfleger: Archivrat Dr. Philippi, Professor. **Neuburg a. D.** Pfleger: Josef Gradl, kgl. Realschul-Rektor. **Neustadt a. A.** Pfleger: Brenner, kgl. Bezirksgeometer. **Pegnitz.** Pfleger: Seßner, Apotheker.

Rastatt. Pfleger: Lehn, Professor. **Rendsburg.** Pfleger: Albers, Apotheker und Großhändler. **Riedlingen.** Pfleger: Dr. Krieg, Professor. **Scheinfeld.** Pfleger: Albert Röhrig, Bürgermeister. **Stralsund.** Pfleger: Landgerichtsrat a. D. Wendorff. **Vegesack.** Pfleger: Dr. jur. Danziger, Rechtsanwalt u. Notar in Bremen. **Wismar.** Pfleger: Dr. R. Kirchner, Oberlehrer.

Neu begründet wurden die Pflegschaften:

Jlmenau. Pfleger: Naumann, Kommerzienrat. **Neustadt a. Orla.** Pfleger: Dr. F. Marbach, Reallehrer. **Ronneburg.** Pfleger: Carl Zetzsche. **Schwabmünchen.** Pfleger: Weinmayer, kgl. Rentamtmann. **Suhl.** Pfleger: Wichura, Oberstleutnant a. D. **Waldheim i. S.** Pfleger: Paul Weißker, Kaufmann. **Waltershausen.** Pfleger: W. Heincke. **Weida.** Pfleger: Dr. G. Schläger, Realschuldirektor.

ZUWACHS DER SAMMLUNGEN.

KUNST- UND KULTURGESCHICHTLICHE SAMMLUNGEN.

Geschenke.

Bamberg. Dr. Heinrich Sippel: Kleiner Dolch mit dreikantiger Klinge; der Griff neu; 16. Jahrh. Gefunden zu Bamberg. — **Eisenach.** Dr. med. Esch: Eiserne fränkische Pleilspitze; desgl. Schnallenteil; desgl. Bogenspanner (?). Gefunden bei Merxheim a. d. Nähe; Kreis Meisenheim. **Frankfurt a. M.** Ernst Lejeune: Silberkreuzer der Stadt Frankfurt; Anfang des 19. Jahrh. — **Fürth.** Dr. Herrmann: Geschnizter, aus verschiedenen Bestandteilen zusammengesetzter Holzrahmen aus Bising in Ungarn. — **Mannheim.** Kommerzienrat Aug. Rohling: Unter- und Obertasse nebst Deckel aus bemaltem Porzellan. Ansbacher Fabrikat; 18. Jahrh. — **Neustadt a. d. Aisch.** Frau Landgerichtsrat Schirmer: Rotseidener Regenschirm; 18. Jahrh. Damenaufsteckkamm; Anf. des 19. Jahrh. Ein Paar rotlederne Puppenschuhe; 18.-19. Jahrh. Ledergeldtasche; desgl. Stockknopf von Milchglas, bemalt; desgl. vier Backmodel aus glasiertem Thon; desgl. vier Backmodel aus Holz; desgl. Krug aus weißem Steingut; 1. Hälfte des 19. Jahrh. — **Nürnberg.** Bildhauer Stärk: Gypsabguß einer Holzstatuette; Maria mit dem Kind; um 1400. L. Chr. Lauer, Münzprägeanstalt: Medaille, Kupfer, altversilbert, auf die beiden derzeitigen Bürgermeister und das neue Amtsgebäude am Fünferplatz in Nürnberg; 1900. Schreinermeister J. Sprenger: Modell des hl. Grabes in Jerusalem nach der Herstellung von 1588; Holz.

[pg 49]

Ankäufe:

Vorgeschichtliche Altertümer: Zwei prähistorische Bronzearmreife mit Spuren von Vergoldung.

Ornamentale Plastik: Vier Gypsabgüsse von Bronzegittern der karolingischen Zeit aus dem Dom zu Aachen. Zwei Gypsabgüsse von Thürklopfern derselben Zeit und ebendaher.

Medaillen: Silbervergoldete Medaille auf Kaiser Mathias; o. J. von Chr. Maler. Silbermedaille auf den fünfzigjährigen Geburtstag von Sophie von Sachsen-Weißenfels, Gemahlin von Karl Wilhelm von Anhalt; von Wermuth. Desgl. auf Johann Friedrich Herzog von Würtemberg; von Briot. Silbermedaille auf die Fertigstellung der Fleischbrücke zu Nürnberg 1598 (der seltene Stempel mit dem Punkt). Desgl. auf den Pfarrer Joh. G. Schmidt in Frankfurt; 1775. Desgl. auf Joh. Ph. Bethmann in Frankfurt; von Boltschhauser. Desgl. Gratulationsmedaille der Stadt Meiningen zu der Hochzeit des Fürstenpaares 1816. Bronzemedaille von König Ludwig I. von Bayern auf die Eröffnung der Eisenbahn München-Augsburg 1840.

Zunftwesen: Siegelstempelstock des Handwerks der Rotgerber zu Neumarkt in der Oberpfalz. Ein Bund von Ledermarken; z. T. Abdrücke des vorigen.

Waffen: Blatt eines Galaspontons der Reichsstadt Nürnberg, geätzt, geschnitten und vergoldet; 18. Jahrh. Von G. C. Dannreuther.

Münzen: Frankfurter Goldgulden vom Jahre 1496. Desgl. silberner Hohlpfennig 1610. Desgl. Goldgulden 1617. Desgl. Goldgulden 1619. Desgl. Goldgulden 1621. Desgl. Thaler 1621. Desgl. desgl. 1623. Desgl. desgl. 1624. Desgl. desgl. 1626. Desgl. Thaler 1628. Frankurer Dukat 1633. Desgl. Doppeldukat 1634; Desgl. Thaler 1634. Desgl. Engeldukaten 1644. Desgl. Dukat 1649. Desgl. Drittelkrönungsthaler 1658. Desgl. Kontributionsthaler 1796. Desgl. Thaler 1808. Desgl. Silbergulden 1838. Desgl. Doppelthaler 1842. Desgl. Doppelgulden 1645. Desgl. Dukat von 1853.

Nürnberger Viertelthaler (Karl V) von 1528. Thaler von Paul Sixtus Graf Trautson 1620. Viertelthaler von Markgraf Christian von Bayreuth, 1624. Nürnberger Thaler von Gustav Adolph von Schweden 1632. Nürnberger Dukat auf denselben 1632. Tiroler Doppelthaler auf Leopold I. o. J. Regensburger dicker Doppelthaler mit Brustbild Karl VI. o. J. Schwabacher Viertelthaler von Markgraf Carl Wilhelm Friedrich. Badischer Kronenthaler von 1818. Zwei nassauische Kronenthaler von Herzog Wilhelm, 1832 und 1837. Badischer Doppelthaler von Großherzog Leopold 1852. Doppelthaler von Herzog Adolf von Nassau 1860.

Hausgeräte: Bemalte Porzellanfigur, Kolporteur; Ludwigsburger Fabrikat; 18. Jahrh. Desgl. Fischerin auf einem Felsen sitzend; Ludwigsburger Fabrikat; 18. Jahrh. Weiße Porzellanfigur, Kavalier an einen Felsen gelehnt; Frankenthaler Fabrikant; 18. Jahrh. Weiße Porzellangruppe, das Liebespaar mit dem Vogelbauer; Frankenthaler Fabrikat; 18. Jahrh. Bemalte Kaffeekanne mit Deckel, Porzellan; Frankenthaler Fabrikat; 18. Jahrh. Große bemalte Porzellangruppe, auf einem Felsen zwei Schäferpaare und zwei Knaben gelagert; Wiener Fabrikat; Ende des 18. Jahrh. Weiße Porzellanfigur, Gärtner, Nymphenburg (?); 18. Jahrh.

Tracht und Schmuck: Silberner Anhänger, darauf in durchbrochener Arbeit St. Hubertus mit dem Hirsch; 16. Jahrh. Uniformrock aus blauem Seidenrips mit roten Aufschlägen; 18. Jahrh. Männerrock und Kniehose aus grauem Seidenrips; desgl. Uniformsfrack aus rotem Tuch mit schwarzen Aufschlägen und Epaulettes (Ordenstracht?); um 1800. Weißer Uniformstuchrock mit blauen Aufschlägen; 18. Jahrh. Roter Männertuchrock mit vergoldeten Knöpfen; 18. Jahrh. Weiße Atlasherrenweste mit Rosabesatz; desgl. Grünseidene Jacke mit Rosabesatz; Theater- oder Maskenkostüm; desgl. Blauseidener Rock mit Goldspitzen- und Flitterbesatz; Theater- oder Maskenkostüm; desgl. Damenkleid aus weißem mit bunten Ranken besticktem Atlas nebst Überwurf und einem Stück unverschnittenen Stoffes; desgl. Weißseidene Damenschürze mit Goldstickerei und rotem Seidenfutter; desgl. Rotseidener Stecker mit Gold- u. Silberstickerei; desgl. Weißeidener Stecker mit Goldstickerei, Goldspitzen und roten Maschen; desgl. Zwei Tournuren aus Leinen; desgl.

[pg 50]
Bäuerliche Altertümer: Buntbemalter und reichbeschlagener großer Truhenkoffer aus der Wilstermarsch; 18.-19. Jahrh. Truhe; desgl. Achteckige getriebene Messingschüssel; westphälisch.

KUPFERSTICHKABINET.

Geschenke.

Aalen. Reinhold Bräuchle, Fabrikdirektor: Drei historische Blätter: Mandat des Herzogs Eberhard Ludwig zu Württemberg vom 14. März 1722, Soldatenheiraten betreffend; Quartierbillet der französischen Rheinarmee für einen Freiwilligen im Generalquartier zu Stuttgart vom März 1805; Nr. 183 des schwäb. Merkurs vom 13. Sept. 1813. — **Domsdorf (Grube Luise).** Herm. Ballhorn: Bleistiftskizze von Ernst Loesch: Partie an der Nürnberger Stadtmauer, nebst einem Briefe des Künstlers. — **Dresden.** Theodor Beyer: Drei neuere Plakate aus der lithographischen Kunstanstalt des Herrn Geschenkgebers. Prof. Dr. Max Lehrs, Direktor des kgl. Kupferstichkabinets: Zwölf Reproduktionen nach Stichen des 15. Jahrhts. Nenke u. Ostermaier, Kunstanstalt: 95 farbige photographische Ansichten. Schupp u. Nierth, chromolithographische Kunstanstalt: Größere Anzahl lithogr. Farbendrucke nach Aquarellen. — **Esslingen.** Frl. Beckh: Kurrendesingen der Päuper in Tübingen. Lithographie, ca. 1850. — **Frankfurt a. M.** E. G. May Söhne, lithogr. Kunstanstalt u. Verlagshandlung: Zwei lithogr. Farbendrucke, »der hl. Antonius von Padua« von M. Feuerstein und »der Liebesbrief« von W.v. Czachorski. J. Rosenbaum, Antiquar: Acht Photographieen eines in Italien gefundenen frühmittelalterlichen Helmes. — **Görlitz.** Dr. Zernik, prakt. Arzt: Tafel vorgeschichtlicher Altertümer der Oberlausitz von Feyerabend-Schurig. 1900. — **Hamburg.** C. Schwindrazheim: Ein Konvolut neuerer Gratulationskarten und Ähnliches. — **Kassel.** Dr. Winterstein, Assessor: »Germanenheimat«. Sechs Landkarten auf einem Blatte. 1900. — **München.** Verein für Originalradierung: Neunter Jahrgang der Publikationen des Vereins. Zehn Blätter und Titelvignette. 1900. — **Nürnberg.** Dr. August Gebhardt, Photographie der Karte Islands von Fernando Berteli (1566.) Müller, Photograph: 24 Photographien aus der

Sammlung der Musikinstrumente im German. Museum. —
Regensburg. M o r i z   A b s t o r s k y   sen.: Ahnentafel des
Moriz Franz Josef Abstorsky aus Regensburg. Typendruck.
1900. — **Wien.** G u s t a v   S c h m i d t: Exlibris des Hrn.
Geschenkgebers, gezeichnet von Franz Cišek.

Ankäufe

Holzschnitte: Zwei Blätter aus U l r i c h   M o l i t o r: De laniis
et phytonicis mulieribus. 1489. — H a n s   B u r g k m a i r: B.
26 u. 82 (der h. Arnulf, Bischof von Metz.) — H a n s
B a l d u n g : B. 35.

Kupferstiche und Radierungen: D a n i e l   H o p f e r: B. 116
und B. 25. — A l a e r t   C l a a s   (C l a e s z): B. 40. — V i r g i l
S o l i s: B. 170-176; B. 460. P. 559 (zwölf Blätter). P. 576. —
J a c o b   B i n c k: B. 1. P. 128 u. P. unbekannt (ähnlich P.
128). — P a u l   F l i n d t   (Flynt): Abendmahlskelch;
Deckelloser Pokal; Obere Leibung eines Kelches; Deckel eines
Kelches mit Blumen; Ampel an drei Ketten. — R ü t g e r
K a s s m a n n   (K a s e m a n n): »Architektur. Nach
antiquitetischer Lehr und Geometrischer Außtheylung allen
Kunstreichen   Handwerckeren,   Werckmeisteren,
Goldtschmieden,   Bildthäuweren,   Schreyneren,
Steinmetzeren, Maleren etc. Und fort allen denen so sich deß
Cirkels und Richtscheydts gebrauchen zu Nutz und gefallen
ins Kupffer geschnitten unnd an tag geben, durch Rütger
Kassmann, dieser Kunst ein sonderlichen Liebhaberen.
Gedrückt zu Cölln Bey Hermann Essen Kufferdrucker zu
finden. Anno 1630. — C h r i s t o f f   S c h m i d t: Newes
Blumenbüchlein. 1663.

Historische Blätter: »Das neumodische Schwein«. Ein
satirisches Blatt auf die Mode. Kupferstich von F.M. Will. c.

1780.

Geschenke.

Ansbach. Hofbuchhändler E i c h i n g e r : Meisterbrief der Stadt Neumarkt für den Lederer Contz Geyb, Bürger daselbst. Orig. Perg. 6. Sept. 1507. Vereinbarung zwischen [pg 51] dem Handwerk der Lederer zu Neumarkt und Hans Tiem, Müller auf der Zussermühle, wegen der von den Lederern gebauten Lohmühle. Orig. Perg. 8. Mai 1520. Entsprechende Vereinbarung zwischen der Stadt Neumarkt und Hans Tiem wegen der Lohmühle. Orig. Perg. 1. Mai 1525. Verkauf der Lohmühle zu Neumarkt durch Hans Weygat, Müller auf der Zussermühle, an das Handwerk der Ledererer. Orig. Perg. 10. Aug. 1554. Die Artickel der Lederer zu Neumarkt, wie es auff irem Hantwerck solle gehalten werden. Perg. u. Pap. Ende des 15. Jahrh., der auf Papier geschriebene Teil vom J. 1559. Ordnung der Rotgerber zu Neumarkt, gegeben von Herzog Ferdinand Maria von Bayern. Orig. Perg. 7. Dez. 1655. Geburtszeugnis für Hans Garthner, Sohn des Bürgermeisters Garthner in Markt Rieden in der Oberpfalz. Orig. Perg. 2. Okt. 1680. Protest der Lederer zu Neumarkt gegen Anlegung einer Leinschlagmühle gegenüber ihrer Lohmühle. Orig. Pap. 7. Nov. 1702. Vidimus des obgenannten Kaufbriefes vom 10. Aug. 1554. Orig. Perg. 10. März 1705. Protokoll des kurfürstl. Schultheißenamts zu Neumarkt wegen des strittigen Loheschälens. Orig. Pap. 27. Mai 1737.

Ankäufe.

Ordnung der Büttner, Bierbrauer und Schreiner zu Schlüsselfeld, gegeben von Bischof Johann Philipp zu Würzburg. Orig. Perg. 27. Juli 1703.

BIBLIOTHEK.

Geschenke.

Aachen. Münchener u. Aachener Mobiliar-Feuer-Versicherungs-Gesellschaft: Denkschrift z. Jubelfeier d. 75-jähr. Bestehens d. Gesellschaft 1825-1900. (1900.) 4. — **Agram.** Kr. Hrvatsko-Slavonsko-Dalmatinskog Zemaljskog Arkiva: Vjestnik II, 4. 1900. 8. — **Ansbach.** Justizrat Enderlein: Eine größere Anzahl Bücher meist jur. Inhalts (79 Bde.). — **Bautzen.** Gymnasium: Jahresbericht 1899/1900. 1900.4. — **Berlin.** Allgemeine Elektrizitäts-Gesellschaft: O. Lusche, Elektrischer Einzelantrieb und seine Wirtschaftlichkeit. S.-A. 1900. gr. 4.; 18. Geschäftsbericht 1899/1900. 1900. 4. A. Asher & Co., Verlag: Wulff, Alexander mit der Lanze. Eine Bronzestatuette der Sammlung des Hrn. A. v. Nelidow. 1898. 8. H. Berthold, Messinglinienfabrik u. Schriftgießerei, A.-G.: Schriftproben der Firma. (1900.) 2. Alexander Meyer Cohn: Drei ungedruckte Briefe Goethes an den Grafen Karl Friedrich von Reinhard. In Druck gegeben von Alexander Meyer Cohn. 1900. 8. Fischer & Franke: Buch- u. Kunstverlag: Das radierte Werk des Adriaen van Ostade in Nachbildungen. Hrsg. v. J. Springer. O. J. 8. Das Leben Jesu in Bildern alter Meister. Hrsg. v. J. Springer. O. J. 2. Die Versunkene Glocke in Bildern von Heinrich Vogeler Worpswede. 1898. 2. Jungbrunnen, Bd. 1-12. O. J. 4. F. Fontane & Co.: Fontane, Kriegsgefangen. Erlebtes, 1870. 5 Aufl. 1900. 8.

Fontane, Der Stechlin. 1899. 8. H. A. Schmid, Arnold Böcklin, Zwei Aufsätze. 1899. 8. Großer Generalstab: Moltkes Militärische Werke II, 2. 1900. 8 (mit Skizzen u. Karten). General-Verwaltung der Königl. Museen: Jahrbuch der Königlich Preuß. Kunstsammlungen XXI, 4. u. Register zu Band XI-XX. 1900. 2. Kriegsministerium. Medizinal-Abteilung: Veröffentlichungen a. dem Gebiete des Militär-Sanitätswesens. H. 17: Entstehung, Verhütung u. Bekämpfung des Typhus bei den im Felde stehenden Armeen. 1900. 8. Mayer & Müller: Wittekindt, Johann Christian Krüger. 1898. 8. Der Minister f. Handel u. Gewerbe: Jahresberichte der Kgl. Preuß. Regierungs- u. Gewerberäte u. Bergbehörden f. 1899. Amtl. Ausg. 1900. 8. Verlag v. Gebr. Paetel: Max Lenz, Die großen Mächte. 1900. 2.; Max Lenz, Zur Kritik d. »Gedanken u. Erinnerungen« des Fürsten Bismarck. 1899. 8. Marcks, Fürst Bismarck's Gedanken u. Erinnerungen. 1899. 8.; Rud. v. Gottschall, Aus meiner Jugend. Erinnerungen. 1898. 8. Reichsamt des Innern: Der obergermanisch-raetische Limes des Römerreiches. 1900. 8. Verlag Hermann Walther (Friedrich Beschly): Michael, Protest Hamburger Künstler gegen Prof. Alfred Lichtwark's Vortrag über »Hamburgische Kunst« gelegentl. der Frühjahrsausstellung von 1898. 1898. 8. — **Bielefeld** u. Leipzig: Velhagen & Klasing, Verlag: Künstler-Monographien 39-45. 1899-1900. 8.; Monographien z. Weltgeschichte Nr. XII: Heyck, Die Kreuzzüge und das heilige Land. 1900. 8.; Land u. Leute, Monographien[pg 52] zur Erdkunde III, V. 1899. 8. — **Breslau**. Carl Alexander von Frankenberg u. Proschlitz, Leutnant im 4. Niederschlesischen Infanterie-Regiment Nr. 51: Ders., Bilder aus Frankenberg'scher Vergangenheit (1500-1740). 1900. 8. — **Bromberg**. Handelskammer: Hirschberg, Denkschrift zum 25-jähr. Bestehen der Handelskammer zu Bromberg;

Schmidt, Historischer Rückblick auf die wirtschaftl. Entwicklung Brombergs vor 1875. 1900. 8. — **Chicago.** T h e J o h n   C r e r a r   L i b r a r y: A list of books in the reading room. January 1900. 8. — **Cleve.** F r . B o ß   W w e., Verlag: Heinrichs, Die Aufhebung des Magdeburger Domschatzes durch den Administrator Christian Wilhelm v. Brandenburg im J. 1630. 1897. 8. — **Coburg.** E r n s t   T i e d t: Ders., Die Münzen der Thüringisch-Fränkischen Porzellanfabriken. Zwei S.-A. 1900. 4. u. 2. — **Cöthen.** P a u l   S c h e t t l e r ' s E r b e n, Verlagsbuchh.: St. Hubertus XI. 1893. XII. 1894. XV. 1897. 2. — **Dresden.** V e r l a g   d e s   A p o l l o: Posse, Handschriften-Konservierung. 1899. 8. D e u t s c h e   B a u - A u s s t e l l u n g: Katalog 1900. 8. K ö n i g l .   S ä c h s . M i n i s t e r i u m   d e s   K u l t u s   u .   o f f e n t l . U n t e r r i c h t s: Neues Archiv für Sächsische Geschichte u. Altertumskunde XXI. 1/2, 3/4, nebst Beiheft: Festschrift zum 75-jähr. Jubiläum des Kgl. Sachs. Altertumsvereins. 1900. 8. — **Düsseldorf.** S c h m i t z   &   O l b e r t z: v. Frostorff, Beiträge zur Gesch. des Niederrheins. T. 1-5. 1898-1900. 8. — **Eger.** A l o i s   J o h n: Unser Egerland. Blätter für Egerländer Volkskunde II. 1898, III. 1899, IV. 1900. Nr. 1-4. Stadtrat L o r e n z   K a m m e r e r: Jahresbericht über das K. K. Staats-Obergymnasium in Eger f. d. Schulj. 1899-1900. 1900. 8.; 5. Bericht der K. K. Lehrer-Bildungsanstalt in Eger. 1899-1900. 1900. 8. — **Einsiedeln.** Verlagsanstalt B e n z i g e r   &   C o., A.-G.: Albert Kuhn, Allgemeine Kunstgeschichte. Lief. 22. 1900. gr. 8. — **Erfurt.** G e w e r b e - V e r e i n: Jahresbericht 1899/1900. (1900.) 8. — **Frankfurt a. M.** H e i n r i c h   K e l l e r, Verlag: J.H. v. Hefner-Alteneck, Deutsche Goldschmiedewerke. 1900. 2.; Galland, Geschichte der Holländischen Baukunst und Bildnerei im Zeitalter der Renaissance. 1895. 8.; Haupt, Backsteinbauten der Renaissance in Norddeutschland. 1899. gr. 2.; Hottenroth, Deutsche Volkstrachten. I. II. 1898. 8. Spier, Hans Thoma. Ein Porträt. 1900. 8. G e b r .   K n a u e r: Erich Schmidt und

Veit Valentin, Festreden in Frankfurt a. M. zu Göthes 150. Geburtstag. 1899. 8. Wilhelm Schäfer: Ders., Pietro Aretino, Tragikomödie a. d. Renaissance Italiens in 3 Aufzügen. 1899. 8. — **Freiberg i. S.** Heinrich Gerlach (Gerlach'sche Buchdruckerei): Freiberger Stadt-, Land- u. Berg-Kalender auf d. J. 1901. (1900.) 8. — **Gotha.** Lebensversicherungsbank: Zustand u. Fortschritte der deutschen Lebens-Versicherungs-Anstalten im Jahre 1899. 1900. 8. — **Göttingen.** Vandenhoeck & Rupprecht: v. Bröcker, Kunstgeschichte im Grundriß 1898. 8.; Kaiser, Die Fastnachtspiele von der Actio de sponsu. 1899. 8.; Siebert, Geschichte der neueren deutschen Philosophie seit Hegel. 1898. 8. — **Graz.** Leuschner & Lubensky'sche Universitätsbuchh.: Loserth, Die Beziehungen der steiermärkischen Landschaft zu d. Universitäten Wittenberg, Rostock, Heidelberg, Tübingen, Straßburg u. a. in der zweiten Hälfte des 16. Jahrh. 1898. 8.; Schönbach, Die Anfänge des Deutschen Minnesanges. 1898. 8. Ulrich Moser's Buchhandl.: v. Zahn, Steirische Miscellen. 1899. 8. — **Schwäbisch Hall.** Konditor Schauffele: George Wilhelm Stein, theoretische Anleitung zur Geburtshülfe. 2. Aufl. 1777. 8. Ders. praktische Anleitung zur Geburtshülfe. 2. Aufl. 1777. 8. (In 1 Bd.) — **Halle a. S.** Otto Hendel, Verlagsbuchhandl.: Das Alexanderlied des Pfaffen Lamprecht. In mhd. Übertr. nebst Einl. u. Komm. v. Rich. Ed. Ottmann. O. J. 8.; Kügelgen, Jugenderinnerungen eines alten Mannes; hrsg. v. Kwest. O. J. 8.; Herbart, Umriß pädagogischer Vorlesungen. Kritische Ausgabe von Dr. Zimmer. O. J. 8.; Bern, Geleitworte fürs Leben. O. J. 8.; Lavater, Worte des Herzens. O. J. 8.; Des Flavius Josephus Jüdische Altertümer, übersetzt und mit Einleitung und Anmerkungen versehen von Hch. Clementz. O. J. 8. — **Hamburg.** Sammlung Hamburgischer Altertümer: Bericht von Dr. Th. Schrader (1900). 8. O. Schwindrazheim: Hallmann,

Kunstbestrebungen der Gegenwart. 1842. 8. —
Hermannstadt. Ungenannt: Erklärung der
Stadtvertretung der kgl. freien Stadt Hermannstadt betr.
weitere Beibehaltung des bisherigen amtlichen Namens der
Stadt H. in der Form »Hermannstadt«. 1900. 8. —
Hildesheim. Dr. Adolf Bertram, Domkapitular: Ders.,
Die beiden Radleuchter im Dome zu Hildesheim. 1900. 8. —
Hof. Rud. Lion: Ludw. Zapf, Die wendische Wallstelle auf
dem Waldstein im Fichtelgebirge in [pg 53] ihrer
wissenschaftlichen Ausbeute. (1900.) 8. — **Hohenaltheim.**
Otto Erhard, Pfarrer: Ders., Anna, Gräfin von Öttingen,
geborne Landgräfin von Leuchtenberg. Ein Beitrag zur
Geschichte des Rieses. 1900. 8. — **Ingolstadt.** A.
Friedmann: Ders., Geschichte der Juden in Ingolstadt.
1900. 8. — **Kempten.** Jos. Kösel: F.L. Baumann,
Geschichte des Allgäus, 33. (Schluß-)Heft. 1900.) 8. — **Kiel.**
Handelskammer: Jahresbericht für 1899. 1900. 8.
Verlag von Lipsius & Tischler: Splieth, Inventar
der Bronzealterfunde aus Schleswig-Holstein. 1900. 8. —
Krefeld. Handelskammer: Jahresbericht f. 1899. 1900. gr.
8. — **Leer.** Handelskammer für Ostfriesland u.
Papenburg: Jahresbericht f. d. J. 1899. II. Teil. O. J. gr. 8.
— **Leipzig.** Eduard Avenarius, Verl.: Adolf Bartels,
Klaus Groth. Zu seinem 80. Geburtstage. 1899. 8. F.E.
Bilz: Bilz, Das neue Naturheilverfahren. Jubiläums-
Ausgabe (1900). 8. Mit Beigabe: Bilz, Wie schafft man bessere
Zeiten. O. J. 8. Breitkopf & Härtel: Grammatik
Deutscher Mundarten. Bd. V: Heilig, Grammatik der
ostfränkischen Mundart des Taubergrundes und der
Nachbar-Mundarten. Lautlehre. 1898. 8.; La Mara,
Briefwechsel zwischen Franz Liszt u. Hans v. Bülow. 1898.
8.; Clara Schumann, Jugendbriefe von Robert Schumann. 3.
Aufl. 1898. 8.; Breitkopf & Härtels Sammlung
musikwissenschaftlicher Arbeiten von deutschen
Hochschulen. I-IV. 1898-1900. 8.; Thouret, Friedrich der

Große als Musikfreund u. Musiker. 1898. 8.; Windelband, Die Geschichte der neueren Philosophie in ihrem Zusammenhange mit der allgemeinen Kultur u. den besonderen Wissenschaften. 2. Aufl. 1899. 8.; Richard Leanders Sämtliche Werke. 1899. 8.; Bach, Auferstehung u. Himmelfahrt Jesu. 1787. 2.; Doles, Der 46. Psalm. 1758. 2.; Graun, Cantata. 1762. 2.; Haydn, Die Jahreszeiten. Partitur I., II. O. J 2.; Hiller, Die Liebe auf dem Lande. 1770. qu. 2.; Hiller, Lottchen am Hofe. 1776. qu. 2.; Hiller, Nachtrag zum allgemeinen Choral-Melodienbuch. O. J. qu. 2.; Knecht, Vollständige Orgelschule I/III. O. J. 2.; Mozart, Requiem. O. J. qu. 2.; Rolle, David u. Jonathan. 1773. 2.; Romberg, Sechs Lieder. O. J. 2.; Schlicht, Preis der Dichtkunst. O. J. qu. 2.; Sag, Siebenzig Veränderungen. 1784. qu. 2.; Wenck, Die Laube. O. J. qu. 2.; Zumsteeg, Duett aus der »Geisterinsel«. A. Deichert'sche Verlagsbuchhandl.: Mayer, Deutsche u. Französische Verfassungsgeschichte vom 9. bis zum 14. Jahrhundert. I. II. 1899. 8.; Zahn, Skizzen aus dem Leben der alten Kirche. 2. Aufl. 1898. 8. Wilhelm Engelmann, Verl.: P. Herrmann, Deutsche Mythologie. 1898. 8.; Wundt, Völkerpsychologie I, 1. 1900. 8. Giesecke & Devrient: Hermann Ehrenberg, Die Kunst am Hofe der Herzöge von Preußen. 1899. 2. Fr. Wilhelm Grunow, Verl.: Lobe, Plaudereien über das neue Recht. 2. Hälfte. 1900. 8.; Kämmel, Kritische Studien zu Fürst Bismarcks Gedanken u. Erinnerungen. 1899. 8. Ferdinand Hirt & Sohn: Lindner, Die deutsche Hanse. 1899. 8. S. Hirzel, Verlag: August Schmarsow, Beiträge zur Ästhetik der bildenden Künste. I-III. 1896-99. 8.; Wunderlich, Die Kunst der Rede in ihren Hauptzügen an den Reden Bismarcks dargestellt. 1898. 8.; Fiedler, Schriften über Kunst. 1896. 8.; Zeller-Werdmüller, Die Züricher Stadtbücher des 14. u. 15. Jahrh. I. Bd. 1899. 8. Theodor Leibing, Buchhandl.: Unser Vogtland, Bd. I u. II. 1894-96. 8. Museum für Völkerkunde: 27. Bericht 1899. 1900. 8. Philipp Reclam, Verl.: Albrecht, Abriß der römischen Litteraturgeschichte. (1899.) 8.; Arnold, Das Aquarium in Verbindung mit dem Terrarium. O. J. 8.; Bartels, Christian Friedrich Hebbel (1899). 8.; Fürst Bismarcks Reden, hrsg. von Philipp Stein. Bd. XIII. 8.; Davids, der Buddhismus. 0. J. 8.; Rud. v. Gottschall, Friedrich v. Schiller. (1899.) 8.; Groller, Aus meinem Briefkasten der Redaktion. O. J. 8.; Haarhaus, Johann Wolfgang von Goethe. (1900.) 8.; Holtei, Der letzte Komödiant. O. J. 8.; Jugenderinnerungen eines alten Mannes (Wilhelm von Kügelgen). O. J. 8.; Justinus Kerner, Gedichte. (1898.) 8.; Bruno Köhler, Allgemeine Trachtenkunde II, 1. O. J. 8.; König Ludwig I. von Bayern, Gedichte. (1899.) 8.; Joachim Nettelbeck, Bürger zu Colberg. Eine Lebensbeschreibung, von ihm selbst aufgezeichnet. Hrsg. v. Max Mendheim. (1898.) 8.; Pannier, Hans Clauert, der Märkische Eulenspiegel. O. J. 8.; Raimund, Moisasurs Zauberfluch. O. J. 8. Otto Spamer, Verlagsbuchhandl.: Ebe, Der Deutsche Cicerone. Bd. I-III. 1897-98. 8.; B. Volz, Wilhelm d. Große. 1897. 8. B.G. Teubner, Verl.: Köster, Gottfried Keller. 1900. 8.; Otto, Das deutsche Handwerk in seiner kulturgeschichtlichen Entwicklung. 1900. 8.; Matthäi, Deutsche Baukunst im Mittelalter. 1899. 8.; Studniczka, Die Siegesgöttin. Entwurf einer Geschichte einer [pg 54] antiken Idealgestalt; Wülcker-Virck, Des kursächsischen Rathes Hans von der Planitz. Berichte aus dem Reichsregiment in Nürnberg. 1521 23. 1899. 8. J.J. Weber, Verlagsbuchhandl.: Meisterwerke der Holzschneidekunst. N. F., II. III: Zeichnungen von Sascha Schneider. III. Aufl. Gesamtausg. O. J. 8.; V: Böcklin; VI: Die Worpsweder. O. J. 2.; Ernst v. Hesse-Wartegg, Schantung u. Deutsch-China. 1898. 8. Otto Wigand, Verlagsbuchhandl.: Dietrich, Erinnerungen an Johannes Brahms. 1899. 8. — **Leipzig-Eutritzsch.** Johann Ueltzen: Ders., Das Flugblatt des Arztes Theodoricus Ulsenius vom J. 1496 über den deutschen Ursprung der Syphilis u. seine Illustration. S.-A.

(1900.) 8. — **Limburg a. d. L.** Handelskammer: Jahresbericht f. 1899. 1900. 8. — **Mainz.** Typographische Ausstellung zur Gutenberg-Feier: Katalog. 1900. 8. — **Mannheim.** Finanzrat Th. Wilkens: Ders., Mitteilungen über den Stand der Litteratur bezüglich des Quaternion-Systems oder der Stände des heiligen Römischen Reiches. S.-A. 1900. 8. — **Marburg.** N.G. Elwert'sche Verlagsbuchhandl.: Finck, Der deutsche Sprachbau als Ausdruck deutscher Weltanschauung. 1899. 8. — **Merseburg.** Der Landeshauptmann der Provinz Sachsen: Regesta archiepiscopatus Magdeburgensis: Orts-, Personen- u. Sachregister. 1899. 8. — **Metz.** Deutsche Buchhandlung (Georg Lang): Seiffert, Kurzer Überblick über die Geschichte des 2. Hannoverschen Ulanen-Regiments Nr. 14 u. des ehem. Kgl. Hannoverschen Garde-Kürassier-Regiments. 1900. 8. — **Moskau.** Das Öffentliche Rumiantzoff'sche Museum: Jahresbericht 1899. (1900.) 8. — **Müllhausen i. Th.** Prof. Dr. Eduard Heydenreich, Stadtarchivar: Ders., Aus der Geschichte der Reichsstadt Mühlhausen in Thüringen. 1900. 8. — **München.** Braun & Schneider, Kinder- u. Hausmärchen, gesammelt durch die Brüder Grimm, illustr. v. Herm. Vogel. 2. Aufl. O. J. 8.; L. Marold-Album. O. J. gr. 8.; Oberländer-Album. 6. Aufl. Bd. I-V. O. J. gr. 8. Hugo Helbing: Monatsberichte üb. Kunstwissenschaft u. Kunsthandel, hrsg. von Hugo Helbing. I, 1. 1900. gr. 8. J.V. Kull: Ders., Aus bayerischen Archiven. VII: Die Münzstätte München am Ende des 17. Jahrh. S.-A. (1900.) 8. Albert Langen, Verl. f. Litteratur u. Kunst: Hans Blum, Persönliche Erinnerungen an den Fürsten Bismarck. 3. Aufl. 1900. 8.; Der Burenkrieg, hrsg. v. Dr. Ludwig Thoma. 1900. 2.; Simplicissimus III. Jahrg. 1898/99; IV. Jahrg. 1899/1900. 2.; Sie. Reznicek-Album. 1900. 2.; Jules Case, Pauline. 1900. 8.; Jules Case, Die sieben Gesichter. 1900. 8. Jac. Hilditch,

Fräulein England. 1900. 8.; Arthur Holitscher, Der vergiftete Brunnen. (1900.) 8.; Hch. Mann, Im Schlaraffenland. 1900. 8.; Jeanne Marni, Fiaker. 1900. 8.; Jeanne Marni, Das sind nun die Kinder. 1900. 8.; Guy de Maupassant, Die Millionen-Erbschaft. 1900. 8.; Marcel Prevost, Revanche. 1900. 8.; Prevost, Flirt. 1900. 8.; Prevost, Eine glückliche Ehe. 1900. 8; Prevost, Starke Frauen. 1900. 8.; Frhr. v. Schlicht, Alarm u. andere Militärhumoresken. 1900. 8.; Lieber Simplicissimus. Hundert Anekdoten. 7. Tausend. 1900. 8.; Amalie Skram, Sommer. 1900. 8.; Anton Tschechoff, Der Taugenichts. 1900. 8.; Zola, Die Wasser steigen und andere Novellen. 1900. 8. R. Oldenbourg, Verlagsbuchh.: Dante's Hölle. Übers. von Alfr. Bassermann. O. J. 8.; Alfr. Bassermann, Dante's Spuren in Italien. Wanderungen u. Untersuchungen 1899. 2. (große Ausg.); Dasselbe, Kleine Ausgabe. (1900.) 8. Kgl. 1. Schweres Reiter-Regiment Prinz Carl von Bayern: Das Königl. Bayerische 1. Schwere Reiter-Regiment »Prinz Carl von Bayern«, bearb. von Hans Fahrmbacher. II. Bd. Eman. Seyler, Hauptmann a. D.: Ders., Die Drususverschanzungen bei Deisenhofen. 2. Aufl. 1900. 8. — **M.-Gladbach.** Handelskammer: Jahresbericht f. 1899. (1900.) gr. 8. B. Kühlen's Kunstanstalt u. Verlag: Das Leben Jesu Christi von Jan Joest, geschildert auf den Flügeln des Hochaltars zu Kaikar. Hrsg. u. beschrieben v. Stephan Beissel. — **Muri b. Bern.** Ad. Fluri, Seminarlehrer: Ders., Kulturgeschichtliche Mitteilungen aus den Bernischen Staatsrechnungen des 16. Jahrh. 1894. 8. — **Neisse.** Graveur'sche Buchhandl. (Gustav Neumann): K.A. Tannert, Wertvolle Gläser. Kunstgeschichtl. Studie. O. J. 8. — **Neudamm.** Verlag von J. Neumann: Jäger-Erlebnisse aus Krieg und Frieden. 1900. 8.; Mücke, 1866 * 1870. Erinnerungen eines alten Gardejägers. 1899. 8. — **Nürnberg.** Bauer & Raspe, Verl.: J. Siebmacher's großes u. allgemeines Wappenbuch. Lief. 442-47. 1900. 8. Frau Notar Dinkel: M. Tvllii

Ciceronis orationvm vol. III. 1620. 16.; Fenelon, Les aventures de Télemaque. 1782. 8. Maximilians-Heilungs-Anstalt f. arme Augenkranke: Jahresbericht, 26. 1900. 8. Stadtmagistrat: [pg 55] Gutachten über die Wiederherstellung des großen Rathaussaales zu Nürnberg. (1900.) 8. Kgl. Gymnasialrektor Dr. W. Vogt: Ders., Geschichte des Landauer Zwölfbrüderhauses. 1900. 4. Dr. Bernh. Ziemlich: Ders., Die israelitische Kultusgemeinde Nürnberg. 1900. 8. — **Oppeln.** Georg Maske, Verl.: H.A. Krüger, Der junge Eichendorff. 1898. 8. — **Petersburg.** E.v. Lenz, kais. russischer Hofrat: Ders., Die Waffensammlung des Grafen S.D. Scheremetew. 1897. 2. — **Prag.** Gesellschaft zur Förderung deutscher Wissenschaft, Kunst und Litteratur in Böhmen: Forschungen zur Kunstgeschichte Böhmens: IV. Schmerber, Beiträge zur Gesch. der Dintzenhofer. 1900. 2. — **Rathenow.** Max Babenzien, Buchhandl.: R. Knötel, Uniformenkunde. Bd. IV-IX. 1893 98. 8. — **Siegen.** Handelskammer: Bericht über die gewerbliche Entwickelung des Siegerlandes von 1849 bis 1899, sowie Jahresbericht für 1899, 1900. 8. — **Stuttgart.** Adolf Bonz & Co., Verlag: Hansjakob, Erzbauern. 1900.8.; Hansjakob, Erinnerungen einer alten Schwarzwälderin. 1898. 8. ; Max Bach, Stuttgarter Kunst 1794-1860. 1900. 8.; Kußmaul, Jugenderinnerungen eines alten Arztes. 3. Aufl. 1899. 8. J.G. Cotta'sche Buchhandl.: Anzengruber, Gesammelte Werke. Lief. 1-60. O.J. 8.; Bibliothek deutscher Geschichte: Schultze, Deutsche Geschichte v. d. Urzeit b. zu den Karolingern. II. 1896. 8.; Mühlbacher, D. Gesch. unter den Karolingern. 1896. 8.; Jastrow & Winter, D. Gesch. im Zeitalter d. Hohenstaufen. I. (1125-90.) 1897. 8.; Koser, König Friedrich d. Gr. II, 1. 1900. 8.; Heigel, D. Gesch. vom Tode Friedrichs des Gr. bis zur Auflösung des alten Reiches. I. (1786-92.) 1899. 8.; v. Zwiedineck-Südenhorst, D. Gesch. von der Auflösung des alten bis zur Errichtung des neuen Kaiserreichs. I. (1806-15.) 1897. 8. Fürst Bismarck, Gedanken und Erinnerungen I. II. 1898. 8.; Eck, David Friedrich Strauß. 1899. 8.; Erdmann, Grundzüge der Deutschen Syntax nach ihrer geschichtlichen Entwicklung dargestellt. I. II. 1886. 8.; Frey, Conrad Ferdinand Meyer. Sein Leben und seine Werke. 1900. 8.; Friedjung, Der Kampf um die Vorherrschaft in Deutschland. 1859-1866. I. II. 4. Aufl. 1900. 8.; Laubmann & Scheffler, Die Tagebücher des Grafen August v. Platen. I. II. 1896. 8.; Eduard Paulus, Drei Künstlerleben. Tilman Riemenschneider. Erwin von Steinbach. Michelangelo. 1900. 8.; W.H. Riehl, Ein ganzer Mann. Roman. 1897. 8.; W.H. Riehl, Kulturgeschichtliche Charakterköpfe. 1899. 8.; Riezler, Geschichte der Hexenprozesse in Bayern. 1896. 8.; Graf Schack, Gesammelte Werke. 3. Aufl. In 10 Bänden. 1897-99. 8.; Uhlands Tagebuch 1810-20, hrsg. v. J. Hartmann. 1898: 8.; Fr.Th. Vischer, Das Schöne u. die Kunst. Zur Einführung in die Ästhetik. 1898. 8.; Fr.Th. Vischer, Shakespeare-Vorträge. I. II. 1899-1900. 8.; Weltrich, Friedrich Schiller. Geschichte seines Lebens u. Charakteristik seiner Werke. 3. Lief. 1899. 8. Dr. med. August Deahna, Kgl. Württ. Hofrat: Ders., Stammtafeln u. Geschichte der Familie de Ahna Deahna. 1900. 8. W. Kohlhammer, Verl.: Ernst, Briefwechsel des Herzogs Christoph von Württemberg. I. Bd.: 1550-52. 1899. 8. Carl Krabbe, Verl.: Bleibtreu, Paris 1870/71. O. J. 8. Paul Neff, Verl.: Paulus, Die Kunst- u. Altertumsdenkmale im Königr. Württemberg. Lief. 23/26. Jagstkreis (Anhang) 1900. 8. Hiezu Atlas. Lief. 35/36. (1900.) qu. 2.; Wickenhagen, Kurzgefaßte Geschichte der Kunst. O. J. 8. Kgl. Technische Hochschule: Jahresbericht 1899-1900. 1900. 4.; Programm 1900-1901. 1900. 8. — **Trier.** Paulinus-Druckerei: Wiegand, Das altchristliche Hauptportal an der Kirche der hl. Sabina auf dem aventinischen Hügel zu Rom. 1900. 8. — **Tropppau.** Kaiser Franz Josef-Museum f. Kunst u. Gewerbe:

Katalog der Ausstellung von figürlicher Keramik des 18. Jahrh. (1900.) 8. — **Tübingen.** J.C.B. Mohr (Paul Siebeck), Verlagsbuchhdl.: Archäologische Studien zum christlichen Altertum u. Mittelalter, hrsg. v. Johannes Ficker. H. 1-5. 1895-99. 8.; Bornemann, Die Allegorie in Kunst, Wissenschaft u. Kirche. 1899. 8.; R. Krauß, Schwäb. Literaturgeschichte in zwei Bänden. 1897-99. 8.; Robert von Mohl, Sitten u. Betragen der Tübinger Studierenden während des 16. Jahrh. 1898. 8.; Rehm, Gesch. der Staatsrechtswissenschaft. 1896. 8. — **Waldböckelheim** Bürgermeister Heinrich Hahn: Ders., Gesch. des Böckelheimer Kirchspiels, der Burg Böckelheim und des Ursprungs der Sponheimer Grafen. 1900. 8. — **Wien** Verlag von Carl Gerold's Sohn: Weinhold, Die deutschen Frauen in dem Mittelalter. 3. Aufl. 1897. 8. Verlag von Carl Graeser: Quellenschriften für Kunstgeschichte u. Kunsttechnik. N. F. Bd. 8 u. 9. 1897-99. 8. Verlag von Karl Iro: Iro's [pg 56] Deutschvölkischer Zeitweiser a. d. J. 1901. (1900.) 16. S. Kende, Buchhandl. u. Kunstantiquariat: Ramberg, Die moderne Kunstbewegung. Zweck u. Wesen der Secession. 1898. 8. Vereinigung bildender Künstler Österreichs Secession: Katalog der VIII. Ausstellung. (1900.) schm. 2.

Tauschschriften.

Amsterdam. Kon. Akademie van Wetenschappen: Jaarboek 1899. 1900. 8.; Verhandelingen Afd. Letterkunde. Nieuwe reeks. Deel II No. 3.; Verslagen en Mededeelingen. Afd. Letterkunde, 4. Reeks, 3. Deel; Sosii fratres Bibliopolae. Accedunt septem carmina laudata. 1900. 8. — **Basel.** Universitäts-Bibliothek: Jahresverzeichnis der Schweizerischen Universitäts-Schriften 1899-1900. 1900 8. 2 Exempl.; Fehr, Die formelhaften Elemente in den alten englischen Balladen. I: Wortformeln. 1900. 8.; Jenny, Göthes altdeutsche Lektüre. 1900. 8.; Lindner (Arthur), Die Basler Galluspforte u. andere Romanische Bildwerke der Schweiz. 1899. 8.; Mangold, Die Basler Mittwoch- und Samstag-Zeitung. 1682-1796. 1900. 8.; Müller (Rudolf), Abriß der Lautlehre des nordhumbrischen Liber Vitae. 1900. 8. Schultz, Reformation u. Gegenreformation in den Freien-Ämtern. 1899. 8. — **Berlin.** Universitäts-Bibliothek: Chronik f. d. Rechnungsj. 1899/1900. 1900. 8.; Amtliches Verzeichnis des Personals und der Studierenden. W.-H. 1899/1900, S.-H. 1900. 1899-1900. 8.; Verzeichnis der Vorlesungen. S.-S. 1900, W.-S. 1900/1901. 1900. 4. Index lectionvm. S.-S. 1900, W.-S. 1900/01. (1900.) 4. Urteile der vier Fakultäten über die Bewerbungsschriften u. Anzeige der neuen Preisaufgaben. 1900. 4. Reden: J.L. Fuchs Über das Verhältnis der exacten Naturwissenschaft zur Praxis. 1899. 4.; J.L. Fuchs, Über einige Thatsachen in der mathematischen Forschung des 19. Jahrh. 1900. 4.; Wagner, Von Territorialstaat zur Weltmacht. 1900. 4.; Waldeyer, Zur Gesch. des anatomischen Unterrichts in Berlin. 1899. 4. v. Wilamowitz-Möllendorff, Neujahr 1900. 1900. 4.; Dissertationen: Bähr, De centurionibus legionariis quaestiones epigraphicae. 1900. 8. Goldhaber, Über die Wanderung der Jonen. (1899.) 8.; Menge, Die Schlacht von Aspern. 1900. 8.; Pfuhl, De Atheniensium pompis sacris. 1900. 8.; Simon, Die Verspätung des Erzherzogs Johann bei Wagram. 1899. 8.; Taube, Ludwig der Ältere als Markgraf von Brandenburg (1323-51.) 3. Kap.: Bis zum Tode des Kaisers (1333-47.) 1900. 8.; Tzenoff, Wer hat Moskau im Jahre 1812 in Brand gesteckt? 1900. 8.; Zingler, De Cicerone historico quaestiones. 1900. 8. Verein f. Deutsches Kunstgewerbe: Verzeichnis der Mitglieder. 1900. 8. Verein f. Gesch. Berlins: Schriften H. XXXVII. 1900. 8. — **Bonn.** Verein von Altertumsfreunden im Rheinlande: Bonner Jahrbücher. H. 105. 1900. 8. —

Bregenz. Vorarlberger Museum-Verein: XXXVIII. Jahresbericht über d. J. 1899. (1900.) 8. — **Brüssel.** Société royale belge de géographie: Bulletin. 1900. 3/4. 5. 1900. 8. — **Dessau.** Verein f. Anhaltische Geschichte u. Altertumskunde: Mitteilungen VIII, 6. 1900. 8. — **Donaueschingen.** Verein f. Geschichte u. Naturgeschichte der Baar u. der angrenzenden Landesteile: Schriften, H. X. 1900. 8. — **Eisleben.** Verein f. Gesch. u. Altertümer der Grafschaft Mansfeld: Mansfelder Blätter. 1900. 8. Größler, Die geschichtliche Entwicklung des Mansfelder Kupferschieferbergbaues. S.-A. 1900. 8. — **Frankfurt a. M.** Freies Deutsches Hochstift: Berichte. N. F. XVI, 3/4. 1900. 8. XVII, 1. 1901. 8.; Verzeichnis d. Mitglieder. April 1900. 8. — **Freiberg.** Altertumsverein: Mitteilungen. H. 36. 1900. 8. — **Freiburg i. B.** Universitäts-Bibliothek: Verzeichnis der Behörden, Lehrer, Anstalten, Beamten u. Studierenden. W.-S. 1899/1900, S.-S. 1900. 1899-1900. 8.; Ankündigung der Vorlesungen. S.-H. 1900, W.-H. 1900 01. 1900. 8. Steinmann, Programm z. Feier des Geburtsfestes Sr. kgl. Hoh. unseres durchlauchtigsten Großh. Friedrich: Die Ausbildung der Studierenden der Mathematik u. Naturwissenschaften für f. d. höhere Lehramt. 1899. 4.; Steinmann u. Kraske, Reden b. d. Übergabe des Protektorats. 1900. 4.; Dissertationen: Klenz, Die Quellen von Joachim Rachel's erster Satire: »Das poetische Frauenzimmer oder böse Sieben.« 1899. 8.; Richter (Gregor), Die ersten Anfänge der Bau- u. Kunstthätigkeit des Klosters Fulda. 1900. 8.; vier weitere philos. u. 26 jur. Dissertationen. — **Freiburg i. d. Schw.** La société d'histoire du canton de Fribourg: Archives VII, 1. 1900. 8. — **St. Gallen.** Historischer Verein: Mitteilungen[pg 57] XXVI. 3. Folge. 1899. 8.; Dierauer, Die Stadt St. Gallen im J. 1799. 1900. gr. 8. — **Giessen.** Universitäts-Bibliothek: Personalbestand d. Großherzogl. Hessischen

Ludwigs-Universität zu Gießen. W.-H. 1899/1900, S.-H. 1900. 1899-1900. 8. Vorlesungsverzeichnis S.-H. 1900. W.-H. 1900/01. 1900. 8.; Gundermann, Die Zahlzeichen. 1899. 4.; Löhlein, Leistungen u. Aufgaben der geburtshülllichen Institute im Dienst der Humanität. Festrede. 1899. 4.; Curschmann, Zur Inversion der römischen Eigennamen. I: Cicero bis Livius. 1900. 8.; Deubner, De incubatione capitula duo. 1899. 8.; Mensendick, Charakterentwickelung u. ethisch-theologische Anschauungen des Verfassers von Piers the Plowman. 1900. 8.; Schmidt (Karl), Quaestiones de mvsicis scriptoribus Romanis imprimis de Cassiodoro et Isidoro. 1899. 8.; 6 juristische Dissertationen. Oberhessischer Geschichtsverein: Mitteilungen. N. F. 9. Bd. 1900. 8. — **Göttingen.** Kgl. Gesellschaft der Wissenschaften: Nachrichten. Philolog.-hist. Klasse. 1900, H. 2. 1900. 8. — **Graz.** Naturwissenschaftlicher Verein für Steiermark: Jahrg. 1899. 1900. 8. — **Hamburg.** L. Mönckeberg u. Dr. Heckscher: Der Lotse. Hamburgische Wochenschrift f. Deutsche Kultur. 1. Jahrg. H. 1-9. 1900. 8. — **Harlem.** Holländische Gesellschaft der Wissenschaften: Archives Néerlandaises. Série II, tome IV, L. 1. 1900. 8. — **Innsbruck.** Ferdinandeum: Zeitschrift. 3. Folge. H. 44. 1900. 8. — **Jena.** Universität: Bötte, Immanuel Kants Erziehungslehre, dargestellt auf Grund von Kants authentischen Schriften. 1899. 8.; Demuth, F. Th. v. Bernhardi. 1900. 8.; Düvel, J. F. Herbart's Stellung zu seinen pädagogischen Vorgängern. 1900. 8.; Fischer (August), Die indirekte Rede im Altfranzösischen. O. J. 8.; Fischer (Johannes), Ad artis vetervm onirocriticae historiam symbola. 1899. 8.; Gräbke, Über den Einfluß der Umgestaltung der Verkehrsverhältnisse auf die Konjunkturen der tierischen Produktion und auf die deutsche Viehzucht in der letzten Hälfte des 19. Jahrh. 1900.

8.; Henning, Der Zustand der schlesischen Festungen im Jahre 1756 u. ihre Bedeutung f. d. Frage des Ursprungs des siebenjährigen Krieges. 1899. 8.; Henze, Qvomodo Cicero de historia eivsqve avctoribvs ivdicaverit qvaeritvr. 1899. 8.; Kalwelt, Die praktische Begründung des Gottesbegriffes bei Lotze. 1900. 8.; Karr, Dr. W. T., Harris Lehre von den Grundlagen des Lehrplans dargestellt u. beurteilt. 1900. 8.; Krämer, Beitrag zum Problem der Porträtdarstellung. 1900. 8.; Leser, Die zwei Hauptmomente der kritischen Methode Kants u. ihr Verhältnis zur Mathode von Fries. 1900. 8.; Lipsius, Die Vorfragen der systematischen Theologie mit bes. Rücksicht auf die Philosophie Wilhelm Wundts kritisch untersucht. 1900. 8.; Manoff, Das Überbürdungsproblem in den höheren Schulen Deutschlands mit bes. Berücksichtigung des preußischen Gymnasiums. 1899. 8.; Pissareff, Die russische Pferdezucht. 1900. 8.; Scheler, Die transszendentale u. die psychologische Methode. 1900. 8.; Sommer, De Prosthesi et Aphaeresi e glossariis latinis illvstrandis. 1900. 8.; Warschauer, Das Willensproblem, namentl. in der englischen Philosophie des 19. Jahrh. 1899. 8.; 3 naturwissensch., 2 physik., 1 med., 1 geol., 4 Jurist. Dissertationen. — **Karlsruhe.** Badische Historische Kommission: Zeitschrift f. Geschichte des Oberrheins. N. F. XV, 4. 1900. 8.; Oberrheinische Stadtrechte I, 5. 1900. 8. — **Königberg i. Pr.** Dr. Rudolf Reicke: Altpreußische Monatsschrift. N. F. XXXVII. H. 5 u. 6. 1900. 8. — **Landsberg a. W.** Verein f. Geschichte der Neumark: Schriften, H. IX. u. X. 1900. 8. II. Nachtrag zum Bücherverzeichnis der Bibliothek. Sept. 1900. 8. — **Landshut.** Historischer Verein f. Niederbayern: Verhandlungen, 36. Bd. 1900. 8. — **Leipzig.** Kgl. Sächsische Gesellschaft d. Wissenschaften: Berichte über die Verhandlungen. Philol.-Histor. Cl. 52. Bd. 1900. IV-VII. 1900. 8.; Abhandlungen XIX, 1/2 : Socin, Diwan aus Centralarabien. Hrsg. v. Stumme. I. II. 1900. 8. Universitäts-

Bibliothek: Verzeichnis der Handbibliothek des Lesesaales der Univ.-Bibl. zu Leipzig. 2. Ausg. 1900. 8.; Personal-Verzeichnis. W.-S. 1899/1900, S.-S. 1900. (1899-1900.) 8.; Verzeichnis der Vorlesungen, S.-H. 1900, W.-H. 1900/1901. (1900.) 8.; Busse, Sagengeschichtliches zum Hildenbrandsliede. 1900. 8.; Curschmann, Hungersnöte im Mittelalter. 1900. 8.; Fährmann, J. J. Rousseaus Naturanschauung. 1899. 8.; Flossmann, Picander (Christian Friedrich Henrici). 1899. 8.; Grundmann, Die geograph. u. völkerkundlichen Quellen u. Anschauungen in Herders »Ideen zur Gesch. der Menschheit.« 1900. 8.; Hashagen, Otto von Freising. Als Geschichtsphilosoph u. Kirchenpolitiker. 1900. 8.; Henning, Samuel Braun, der erste deutsche wissenschaftliche Afrikareisende. [pg 58] 1900. 8.; Hoffmann, Naumburg a. S. im Zeitalter der Reformation. 1900. 8.; Kautzsch, Das sog. Volksbuch von Hiob u. der Ursprung von Hiob, Cap. I. II. XLII, 7-17. 1900. 8.; Küchling, Studien zur Sprache des jungen Grillparzer mit besonderer Berücksichtigung der Ahnfrau. 1900. 8.; Leo, Untersuchungen zur Besiedelungs- u. Wirtschaftsgeschichte des Thüringischen Osterlandes in der Zeit des früheren Mittelalters. 1900. 8.; Martens, Die letzte Kaiserkrönung in Rom 1452. 1900. 8.; Hermann Wilhelm Meyer, Das Staufische Burggrafentum. 1900. 8.; Redlich, Cardinal Albrecht von Brandenburg u. das Neue Stift zu Halle. 1520-41. Viertes Kapitel: Das Heiligtum. Eine kirchen- u. kunstgeschichtliche Studie. 1899. 8.; Reinhard, Schillers Einfluß auf Theodor Körner. 1899. 8.; Richter, Die Stellung des Erasmus zu Luther u. zur Reformation in den Jahren 1516-1524. 1900. 8.; Rückert, Ulrich Zwinglis Ideen zur Erziehung u. Bildung. 1900. 8.; James v. Schmidt, Die Altäre des Guillaume des Terriers u. verwandte Werke (Rom 1490-97.) 1900. 8.; Joh. Hch. Schmidt, »Die 15 Bundesgenossen« des Johann Eberlin von Günzburg. 1900. 8.; Detlef Schultz, Mozarts Jugendsinfonien. 1900. 8.; Stinghe, Die Schkejer oder

Trokaren in Kronstadt. 1900. 8.; Thies, Entwicklung der Beurteilung u. Betrachtung der Naturvölker. 1899. 8.; Wauer, Die Anfänge der Brüder-Kirche in England. Ein Kapitel vom geistigen Austausch Deutschlands und Englands. 1900. 8.; Wilson Dickens in seinen Beziehungen zu den Humoristen Fielding u. Smollett. 1899. 8.; 46 weitere Dissertationen. — **Meiningen** Hennebergischer Altertumsforschender Verein: Neue Beiträge zur Gesch. des Altertums. 15. Lief. 1900. 8. — **Metz.** Verein für Erdkunde: Jahresbericht XII. f. d. Vereinsjahr 1899-1900. 1900. 8. — **Mitau.** Kurländische Gesellschaft für Literatur u. Kunst: Sitzungsberichte der Gesellschaft u. Jahresbericht des Kurländischen Provinzialmuseums a. d. J. 1899. 1900. 8. — **Mühlhausen i. Th.** Altertums-verein: Mühlhäuser Geschichtsblätter. Jahrg. I. 1900/01. H. 1/2. 1900. 8. — **München.** Kgl. bayer. Akademie der Wissenschaften: Sitzungberichte der philos.-philol. u. d. histor. Cl. 1900. H. II. 1900. 8. Sitzungsberichte der mathem.-physik. Klasse. 1900. 8. Abhandlungen der mathem.-physik. Kl. XX, 3. 1900. 4; Ranke, Die akademische Kommission f. Erforschung der Urgeschichte u. die Organisation der urgeschichtlichen Forschung in Bayern König Ludwig I. Festrede. 1900. 4. — **St. Nicolas.** Cercle archéologique du pays de Waas: Annalen van den oudheitskundigen Kring van het land van Waas. XIX, 1. 1900. 8. — **Nürnberg.** Naturhistorische Gesellschaft: Abhandlungen. XIII. 1900. 8. — **Posen.** Gesellschaft der Freunde der Wissenschaften: Album der im Museum der Posener Gesellschaft der Freunde der Wissenschaften aufbewahrten prähistorischen Denkmäler des Großherzogtums Posen, hrsg. v. Dr. K. Köhler. 1900. 2. — **Schwerin.** Verein f. mecklenburgische Geschichte u. Altertumskunde: Jahrbücher u. Jahresberichte. 65. Jahrg. 1900. 8. — **Stockholm.** Nordisches Museum:

Nordiská Museets Tjugufemårsminne. 1873-1898. 8.;
Samfundet för Nordiska Museets Främjande. 1898. 1899. 8.;
Meddelanden från Nordiska Museet. 1898. 1900. 8.;
Nationalfesten på Skansen. 1899. u. 1900. 8.; Skansens
Vårfest. 1899. 8.; Vårfesten på Skansen. 1900. 8.; Nordiská
Museet inför 1900. års riksdag. 1900. 8. — **Wien.** Akadem.
Verein Deutscher Historiker: Stiglmayer, Papst
Liberius. Ein Beitrag zur Gesch. des Arianismus. 1900. 8.
Gesellschaft für die Geschichte des
Protestantismus in Österreich: Jahrb. XXI, 3/4.
1900. 8. — **Wiesbaden.** Nassauischer Verein f.
Naturkunde: Jahrbücher, Jahrg. 53. 1900. 8. —
Würzburg. Universität: Dissertationen: Cohen,
Thomson's Castle of Indolence, eine Nachahmung von
Spenser's Faerie Queene. 1899. 8.; Grünbaum, zur Kritik der
modernen Causalanschauungen. 1899. 8.; Kuntz, Beiträge
zur Entstehungsgeschichte der neueren Ästhetik. 1899. 8.;
Stuhl, Quibus condicionibus Tacitus ellipsim verbi admiserit
et qua ratione excoluerit. 1900. 8.; 2 Dissert. zur
Psychologie; Festrede: Hofmeier, Die Entwicklung der
deutschen geburtshülflichen Unterrichtsanstalten in ihrem
Verhältnis zum Puerperalfieber im 19. Jahrh. 1900. 4. —
Zürich. Kantons- (Universitäts-) Bibliothek:
Burkart, Stephan Hawes' »The pastime of pleasure.« Critical
introduction to a proposed new edition of the text. 1899. 8.
Gubser, Geschichte der Landschaft Gaster bis zum
Ausgange des Mittelalters. 1900. 8.; Häne, Der Auflauf zu St.
Gallen im J. 1491. (Habilitationsschr.) 1899. 8.; Hünerwadel,
Forschungen z. Gesch. des Königs Lysimachos von
Thrakien. 1900. 8.; A. G. Ott, Étude sur les couleurs[pg 59]
en vieux français. 1899. 8.; H. Popp, Beitrag zur Gesch. der
neueren Künstler-Ästhetik. O. J. 8.; Rothpelz, Der Genfer
Jean Gabriel Eynard als Philhellene. 1899. 8.; Rütsche, Der
Kanton Zürich und seine Verwaltung z. Z. der Helvetik
(1798-1803). 1900. 8.; Smith, Rhythmus u. Arbeit. 1900. 8.;

Spencer, Alliteration in Spenser's poetry. I. II. 1898. 8.; Strauß, Sprachliche Studien zu den hebräischen Sirachfragmenten. 1900. 8.; Windberg, Die sog. Denkschrift der hl. Kongregation 1735. Ein Vorschlag zum ewigen Frieden. 1900. 8.; 12 jur. Dissert. — **Zwolle.** Vereeniging tot beoffening van Oberijsselsch regt en geschiedenis: Overijsselsche Stad-, Dijk- en Markeregten: 1, 13: Stadregt van Almelo. 1900. 8.

Ankäufe.

Dionisii geographia, de situ orbis. Rostock 1514. 2.; Macrobius integer nitidus suoque decori a Joanne Riuio restitutus. Paris 1515. 2.; Prisciani Cesariensis institutiones grammatice. Paris 1517. 2.; Capitis physici declaratio. Leipzig. 1518. 2. Avli Gelli noctivm at ticarvm libri XIX. Basel 1519. 2. David de Necker, Ein new vnd känstlich schönes Stamm- od. Gesellen-Büchlein. 1579. 8. Boccaccio, il decamerone. Venedig. Aldus. 1522. 8. Merian, Theatrum Europaeum. 1643-1738. 2. 214 Universitätsschriften, meist des 17. u. 18. Jahrhts., über Magie u. Hexenwesen. 4. Joh. Jac. Schübler, Ornament-Werck. O. J. (ca. 1725) 125 Bl. 2. Nicolai, Über den Gebrauch der falschen Haare u. Perrucken. 1801. 8.

Heyer von Rosenfeld'sche Stiftung: Handschriften-Sammelband, vorzügl. heraldischen Inhalts. 1494 ff. 8. Marc. Ambrosius, Arma regni Poloniae. O. O. u. J. (2. Hälfte des 16. Jahrh.) »Album amicorum« des Professors Maliverne, Hofmeisters der Prinzen v. Sayn-Wittgenstein während der Friedensverhandlungen zu Münster. (Handschr.) 1647-57. qu. 8. De Renesse, Dictionnaire des figures héraldiques. Tome V. 6^(me) fasc. 1900. 8. Schoenhaupt, Wappenbuch der Gemeinden des Elsaß. Lief. 21-30. (1980.) 2.

Zeitschriften.

Im Jahre 1900 sind uns außer den im Laufe des Jahres in

unserem Verzeichnisse aufgeführten, bandweise zugesendeten, die folgenden teils als Geschenke, teils im Austausche gegen den Anzeiger, und zwar heft- oder nummernweise zugegangen:

A a r b ö g e r for nordisk Oldkyndighed og Historie.
A b h a n d l u n g e n der philol-histor. Classe der k. sächs. Gesellschaft der Wissenschaften.
A l t v a t e r. Organ des mähr.-schles. Sudeten-Gebirgs-Vereins.
A n a l e c t a Bollandiana.
A n a l e c t a pour servir à l'histoire écclésiastique de la Belgique.
A n n a l e n des deutschen Reichs für Gesetzgebung, Verwaltung und Statistik (hrsg. von Hirth und Seydel).
» van den oudheitskundigen Kring van het Land van Waas.
» de la sociéte d'archéologie de Bruxelles.
A n t i q u i t ä t e n - Z e i t u n g. Zentral-Organ für Sammelwesen und Alterthumskunde (hrsg. von Uldo Beckert in Stuttgart).
A n z e i g e r der kais. Akademie der Wissenschaften (in Wien), philos.-histor. Classe.
» der Akademie der Wissenschaften in Krakau.
» für schweizerische Alterthumskunde (Zürich).
» allgemeiner, für Buchbindereien.
» numismat.-sphragist. (hrsg. von Fr. Tewes).
» nürnberger.
A p o t h e k e r - Z e i t u n g (hrsg. von J. Greiß).
A r c h i v für Eisenbahnwesen.
» neues, der Gesellschaft für ältere deutsche Geschichtskunde.
» für christliche Kunst (hrsg. von Keppler).
» der Pharmacie (Zeitschrift des deutschen Apothekervereins).
» für Post und Telegraphie.

» Schweizerisches für Volkskunde.
Archives neerlandaises des sciences exactes et naturelles.

[pg 60]

Archives heraldiques Suisses.
Argo. Zeitschrift für krainische Landeskunde.
Aus der Heimat. Blätter der Vereinigung für Gothaische
Geschichte.
Bär, der, Illustrierte Wochenschrift für die Geschichte
Berlins und der Mark.
Baumaterialienkunde, Internationale Rundschau.
Bauzeitung, deutsche (hrsg. von Frisch).
» süddeutsche.
Bayerland, das (hrsg. von H. Leher).
Beilage, wissenschaftliche, der »Leipziger Zeitung«
Beobachter, der, deutscher, französischer und englischer
Herrenmoden (hrsg. von Klemm und Weiß).
Bericht, stenographischer des bayerischen Landtags nebst
Beilagen.
Berichte des Freien Deutschen Hochstiftes zu Frankfurt a.
M.
» der Pharmaceutischen Gesellschaft in Berlin.
» über die Verhandlungen der k. sächs. Gesellschaft der
Wissenschaften philol.-histor. Classe, in Leipzig.
Blätter für Architektur und Kunsthandwerk.
» fliegende (Münchner).
» für Münzfreunde (hrsg. von Erbstein), m. d. Beiblatt:
numismatischer Verkehr.
» praehistorische (hrsg. von Naue).
» für literarische Unterhaltung (hrsg. von Friedr.
Bienemann).
» des schwäbischen Albvereins (hrsg. von Nägele).
Börsenblatt für den deutschen Buchhandel und die
verwandten Geschäftszweige.

Brandenburgia. Monatsblatt der Gesellschaft für Heimatkunde der Provinz Brandenburg zu Berlin.

Bücherfreund, Frankfurter (Jos. Baer & Comp.).

Bulletin de la société royale belge de géographie.

Centralblatt für Anthropologie, Ethnologie und Urgeschichte (Jena).

» der Bauverwaltung (Berlin).

» für Bibliothekwesen.

» für Keramik und Glas-Industrie (Wien).

» literarisches, für Deutschland (hrsg. von Zarncke).

Chronique des arts de la curiosité.

Colonie, die französische (hrsg. von Béringuier).

Comenius-Blätter für Volkserziehung.

Correspondenz, numismatische (hrsg. von Adolph Weyl).

Correspondenz-Blatt der deutschen Gesellschaft für Anthropologie, Ethnologie und Urgeschichte (hrsg. von Ranke).

Daheim. Ein deutsches Familienblatt mit Illustrationen.

Denkmalpflege, Die (Berlin).

Diözesan-Archiv von Schwaben (hrsg. von Beck).

Dombauvereins-Blatt, Wiener.

Egerland, Unser (hrsg. von Alois John).

Eranos. Acto philologica suecana.

Erwinia (Straßburg).

Ex-libris. Zeitschrift für Bücherzeichen, Bibliothekenkunde und Gelehrtengeschichte. Organ des Ex-libris-Vereins zu Berlin (hrsg. von Brendicke).

Familienblad, Allgemeen, Nederl.

Formenschatz (hrsg. von Georg Hirth).

Frauenzeitung, illustrierte (hrsg. von Lipperheide).

Gartenlaube. Illustriertes Familienblatt.

Gazette numismatique.

General-Anzeiger für Nürnberg-Fürth.

Geschichtsblätter, Deutsche.

» Dresdener.

[pg 61]

Geschichtsblätter, Freiburger (Schweiz).
» für Stadt und Land Magdeburg.
» Mannheimer.
» Mühlhäuser.
» Reutlingen
» Rheinische.
Geschichtsfreund, allgäuer.
Gewerbeblatt für das Großherzogthum Hessen nebst
Anzeiger.
» westdeutsches (Düsseldorf).
» aus Württemberg.
Graveur-Zeitung, Berliner.
Grenzboten. Zeitschrift für Politik, Literatur und Kunst.
Handweiser, literarischer für das katholische
Deutschland (hrsg. von Hülskamp).
Helios. Monatliche Mitteilungen aus dem Gesamtgebiete
der Naturwissenschaften.
Hémecht, ons (Luxemburg).
Herold, der deutsche (hrsg. vom Vereine »Herold« in
Berlin).
Hochschul-Nachrichten.
Jahrbuch der Gesellschaft für Geschichte des
Protestantismus in Österreich.
» historisches der Görres-Gesellschaft.
Journal für Buchdruckerkunst (hrsg. von Ferd. Schlotke).
Kinder-Garderobe, moderne.
Kirchen-Schmuck. Blätter des christlichen
Kunstvereins der Diözese Seckau.
Korrespondenz, statistische (hrsg. von Blenk).
Korrespondenzblatt des Gesamtvereins der deutschen
Geschichts- und Altertumsvereine.

» des Vereins für siebenbürgische Landeskunde.

K o s m o s. Internationales Bijouterie-Annoncenblatt für die
fünf Weltteile.

K u n s t, deutsche (Malkowsky-Berlin).

» die, für Alle (hrsg. von Pecht).

K u n s t b l a tt, christliches (von Merz).

K u n s t g e w e r b e b l a tt. Zeitschrift des Vereins für
deutsches Kunstgewerbe zu Berlin.

K u n s t - H a l l e (hrsg. von Galland).

K u n s t u n d H a n d w e r k. Zeitschrift des bayerischen
Kunstgewerbe-Vereins in München.

K u n s t w a r t. Rundschau über alle Gebiete des Schönen
(hrsg. von Avenarius).

K u r i e r, fränkischer.

L e o p o l d i n a (von Knoblauch).

L i m e s b l a tt.

L i t e r a t u r b l a tt für germ. und roman. Philologie (hrsg.
von Behaghel und Neumann).

L i tt e r a e, societatum (hrsg. von M. Klittke).

M a a n d b l a d van hed genealog-herald. genootschap »De
Nederlandsche Leeuw«.

M é l u s i n e. Recueil de mythologie, littérature populaire,
traditions et usages (par H. Gaidoz).

M i tt e i l u n g e n des Vereins für anhaltische Geschichte und
Alterthumskunde.

» der anthropologischen Gesellschaft in Wien.

» des Vereins für die Geschichte Berlins.

» des Vereins für Geschichte der Deutschen in Böhmen.

» der k. k. Centr.-Comm. zur Erforschg. und Erhaltg. der
Kunst- u. historischen Denkmale (Wien).

» des Clubs der Münz- und Medaillenfreunde (Wien).

» der Comenius-Gesellschaft siehe Comenius-Blätter.

» des Gewerbe-Museums zu Bremen.

» des mährischen Gewerbemuseums in Brunn.

» des nordböhmischen Gewerbemuseums in Reichenberg.

» des k. k. Gewerbe-Museums (Wien).

» heraldische, hrsg. vom Verein »Zum Kleeblatt«
(Hannover).

[pg 62]

Mitteilungen und Nachrichten für die evangelische
Kirche in Rußland.

» des Kunstgewerbe-Vereins zu Magdeburg.

» aus der histor. Litteratur (von der Berliner historischen
Gesellschaft).

» des Vereins für Lübeckische Geschichte und
Alterthumskunde.

» aus dem Museum für deutsche Volkstrachten (Berlin).

» des nordböhmischen Excursions-Clubs (Böhm.-Leipa).

» und Nachrichten des deutschen Palästinavereins.

» des Touristenklub für die Mark Brandenburg.

» des Kaiser Franz-Joseph-Museums für Kunst und Gewerbe
(Troppau).

Modenzeitung, europäische, für Herren-Garderobe
(hrsg. von Klemm und Weiß).

Monatsblatt der k. k. heraldischen Gesellschaft »Adler«
(Wien).

» des Alterthumsvereins zu Wien.

» der numismatischen Gesellschaft in Wien.

Monatsblätter des wissenschaftlichen Club in Wien.

Monatshefte der Comenius-Gesellschaft.

» Velhagen und Klasing's.

» Westermann's illustr. deutsche.

» für Musik-Geschichte (hrsg. von Eitner).

» zur Statistik des deutschen Reiches.

Monatsschrift des frankenthaler Alterthumsvereines.

» des historischen Vereins von Oberbayern.

» gemeinnützige (Würzburg).

Morgenzeitung, fränkische.

Münzblätter, Berliner (hrsg. von Weyl).

Museum, Pfälzisches. Monatsschrift.

Nachrichten über deutsche Alterthumsfunde (hrsg. von Virchow u. Voß).

» der k. Gesellschaft der Wissenschaften in Göttingen.

» Nürnberger neueste.

Natur, die (hrsg. von Ule und Müller).

Niedersachsen. Halbmonatsschrift für Geschichte, Landes- und Volkskunde, Sprache und Litteratur Niedersachsens (hrsg. von Aug. und Fr. Freudenthal).

Papier-Zeitung (hrsg. von Hofmann).

Postzeitung, Augsburger.

Quartalblätter des historischen Vereins f. d. Großherzogth. Hessen.

Quartalschrift, römische, für christl. Alterthumskunde u. f. Kirchengesch. (hrsg. von de Waal).

Reform. Zeitschrift des allgemeinen Vereins für vereinfachte Rechtschreibung und des Vereins für Lateinschrift.

Reichs-Anzeiger, deutscher, und k. preuß. Staats-Anzeiger.

Repertorium für Kunstwissenschaft (hrsg. von Thode u. v. Tschudi).

Revue bénédictine.

Rundschau, deutsche (hrsg. von Rodenberg).

» keramische.

Sitzungsberichte der k. preuß. Akademie der Wissenschaften zu Berlin.

» der k. b. Akademie der Wissenschaften zu München, philos.-philolog. und histor. Classe.

» ders. Akad., mathemat.-physikalische Classe.

Sprech-Saal. Organ der Porzellan-, Glas- und Thonwaaren-Industrie.

Staats-Anzeiger für Württemberg.

Stadtzeitung, Nürnberger.

Statistik des deutschen Reiches.

» österreichische.

» preußische.

S t i m m e n aus Maria-Laach.

[pg 63]

S t u d i e n und Mitteilungen aus dem Benedictiner- und dem
Cistercienser-Orden.

T h o n w a a r e n - I n d u s t r i e, die, Wochenztg. für
Fabrikation von Töpferwaaren (Bunzlau).

T i d s s k r i f t, for Industri (Kopenhagen).

» for Kunstindustri (Kopenhagen).

T i j d s c h r i f t voor nederlandsch taal- en letterkunde.

Ü b e r L a n d u n d M e e r.

U g e b l a d, teknisk (Kristiania).

U h r m a c h e r - Z e i t u n g, deutsche.

V i e r t e l j a h r s - C a t a l o g aller neuen Erscheinungen im
Felde der Litteratur in Deutschland (hrsg. von Hinrichs).

V i e r t e l j a h r e s h e f t e, württembergische, für
Landesgeschichte.

V i e r t e l j a h r s s c h r i f t für Wappen-, Siegel- u.
Familienkunde (hrsg. vom Vereine »Herold«).

» historische.

V i e s t n i k hrvatskoga arkeologiekoga družtva.

V j e s t n i k, kr. hrvatsko-slavonsko-dalmatinskog.

V o m F e l s z u m M e e r.

V o r z e i t, Schlesiens, in Bild und Schrift. Zeitschrift des
Vereins für das Museum schles. Altertümer.

W a n d e r e r, der, im Riesengebirge.

W a r a n d e, dietsche. Tijdschrift voor Kunst en
Zedegeschiedenis.

W e l t, illustrirte.

W o c h e n b l a t t der Johanniter-Ordens-Balley Brandenburg.

W o c h e n s c h r i f t des Gewerbe-Vereins in Bamberg.

Z e i t s c h r i f t für deutsches Alterthum und deutsche
Litteratur (hrsg. von Schroeder und Roethe).

» des Münchener Alterthumsvereins.

» der Centralstelle für Arbeiter-Wohlfahrtseinrichtungen.

» für Architektur- und Ingenieurwesen (Heftausgabe und Wochenausgabe).

» für Bauwesen (Berlin).

» für Bücherfreunde (hrsg. von v. Zobeltiz).

» für Ethnologie (Berlin).

» für Geographie (hrsg. von A. Hettner).

» des Harz-Vereines für Geschichte und Alterthumskunde.

» illustrirte kunstgewerbliche, für Innen-Dekoration (hrsg. von A. Koch).

» für Instrumentenbau (hrsg. von Paul de Witt).

» für Kleinbahnen (Berlin).

» für Kulturgeschichte (hrsg. von Steinhausen).

» für bildende Kunst (hrsg. von Graul). Nebst Kunstgewerbeblatt und Kunstchronik.

» für christliche Kunst (hrsg. von Schnütgen).

» des Vereins für die Geschichte Mährens und Schlesiens.

» des historischen Vereins für den Regierungsbezirk Marienwerder.

» neue, für Musik (hrsg. von Kahnt).

» für die Geschichte des Oberrheins (hrsg. v. Al. Schulte).

» des deutschen Palästina-Vereins (hrsg. v. H. Guthe).

» für deutsche Philologie (hrsg. von Zacher).

» der Savigny-Stiftung für Rechtsgeschichte.

» des k. bayer. statistischen Bureaus.

» des k. preuß. statistischen Bureaus.

» des k. sächs. statistischen Bureaus.

» für den deutschen Unterricht (hrsg. von Otto Lyon).

» des Vereins für Volkskunde (hrsg. von Weinhold).

» für historische Waffenkunde (hrsg. von W. Boeheim).

» westdeutsche, für Geschichte und Kunst, nebst Korrespondenzblatt.

» des westpreußischen Geschichtsvereines in Danzig.

[pg 64]

Zeitschrift und Verhandlungen der Gesellschaft für Erdkunde (Berlin).

Zeitung, allgemeine (Münchener), nebst Beilage.

» illustrirte, für Buchbinderei und Cartonnagenfabrikation.

» fränkische.

» nordbayerische.

» norddeutsche allgemeine.

Zur guten Stunde.

HISTORISCH-PHARMAZEUTISCHES ZENTRALMUSEUM.

Geschenke.

Gemunden Salzkammergut. Apotheker J. und E. Eberstaller: Sechs pharmazeutische Gewichte unter einem Gramm. — **Reutlingen.** H. Weißbecker, Apotheker: Servierzeugnis für den Apothekergehülfen Leonhard Stiberl von Nürnberg, ausgestellt von Bartholomäus Waldtmann in Wien 1607.

DEUTSCHES HANDELSMUSEUM.

Geschenke.

Nürnberg. Kaufmann Karl Schmidt: Zusammenstellung der Nürnberger Kornpreise von 1744-1843. Von Bürgermeister Johannes Scharrer in Nürnberg; Lithographie.

Ankäufe.

Musterbuch mit Proben von Gespinnsten und Borten aus leonischen Drahtfabrikaten. Anfang des 19. Jahrh.

* * * * *

Herausgegeben vom Direktorium des germanischen
Museums.
Abgeschlossen den 1. Januar 1901.
Für die Schriftleitung verantwortlich: Gustav von
Bezold.

www.ingramcontent.com/pod-product-compliance
Lightning Source LLC
Chambersburg PA
CBHW020543270326
41927CB00006B/696